Herausgegeben von oekom e.V. – Verein für ökologische Kommunikation

Dieses Buch wurde klimaneutral hergestellt.
$CO_2$-Emissionen vermeiden, reduzieren, kompensieren –
nach diesem Grundsatz handelt der oekom verlag.
Unvermeidbare Emissionen kompensiert der Verlag
durch Investitionen in ein Gold-Standard-Projekt.
Mehr Informationen finden Sie unter: www.oekom.de/nachhaltiger-verlag

Bibliografische Information der Deutschen Nationalbibliothek:
Die Deutsche Nationalbibliothek verzeichnet diese Publikation in der Deutschen
Nationalbibliografie; detaillierte bibliografische Daten sind im Internet
über http://dnb.d-nb.de abrufbar.

© 2020 oekom, München
oekom verlag, Gesellschaft für ökologische Kommunikation mbH
Waltherstraße 29, 80337 München

Umschlaggestaltung, Layout und Satz: Lone Birger Nielsen
Lektorat: Anke Oxenfarth, Sarah Tober

Druck: Friedrich Pustet GmbH & Co. KG, Regensburg
Gedruckt auf 100% FSC-Recylingpapier (außen: Circleoffset White; innen: Circleoffset White),
zertifiziert mit dem Blauen Engel (RAL-UZ 14)

Alle Rechte vorbehalten. Printed in Germany
ISBN: 978-3-96238-197-4

oekom e.V. – Verein für ökologische Kommunikation (Hrsg.)

# Möglichkeitsräume

## Raumplanung im Zeichen des Postwachstums

Mitherausgegeben von der Akademie für Raumentwicklung in der Leibniz-Gemeinschaft

**politische ökologie**   Die Reihe für Querdenker und Vordenkerinnen

Die Welt steht vor enormen ökologischen und sozialen Herausforderungen. Um sie zu bewältigen, braucht es den Mut, ausgetretene Denkpfade zu verlassen, unliebsame Wahrheiten auszusprechen und unorthodoxe Lösungen zu skizzieren. Genau das tut die politische ökologie mit einer Mischung aus Leidenschaft, Sachverstand und Hartnäckigkeit.

Die *politische ökologie* schwimmt gegen den geistigen Strom und spürt Themen auf, die oft erst morgen die gesellschaftliche Debatte beherrschen. Die vielfältigen Zugänge eröffnen immer wieder neue Räume für das Nachdenken über eine Gesellschaft, die Zukunft hat.

Herausgegeben wird die *politische ökologie* vom
oekom e.V. - Verein für ökologische Kommunikation.

# Editorial

Aussichtslos, unrealisierbar, utopisch. Mit dem Verweis auf eine »blühende Vorstellungskraft« werden Zukunftsvisionen derjenigen gerne abgeschmettert, die das etablierte System infrage stellen. Das gilt auch in der Raumplanung. Althergebrachte Ziele wie Siedlungswachstum, die Ausweisung von Gewerbegebieten und der Ausbau der Verkehrsinfrastruktur leiten weiterhin das Handeln, obwohl sie oftmals zerstörte Natur, unzufriedene Bürger(innen) und überschuldete Gemeinden hinterlassen.

Dabei keimen in der Zivilgesellschaft längst wachstumskritische Ideen. In Nischenprojekten legen Menschen, inspiriert vom Postwachstumsgedanken, selbst die Saat für ein Leben und Wirtschaften nach ihrem Ideal: gemeinwohlorientiert, ressourcenschonend, solidarisch. Und das funktioniert immer besser, auf dem Land und in der Stadt. Solidarische Landwirtschaft, Urbane Gärten und Offene Werkstätten tragen schon erste Früchte – trotz administrativer Hürden und meist ohne staatliche Unterstützung.

In der räumlichen Entwicklung und Planung liegt großes Potenzial für den Übergang in eine Postwachstumsgesellschaft, darin sind sich die Autor(inn)en der *politischen ökologie* einig. Sie zeigen, wie die Raumplanung mit einem marktunabhängigen Rollenverständnis, Forschung in Reallaboren und regionalen Modellvorhaben Katalysator für einen wachstumskritischen Bewusstseinswandel, mehr Selbstorganisation und Teilhabe an der Raumgestaltung werden kann. Mut, Kreativität und Experimentierfreude sind dabei auch in räumlichen Transformationsprozessen die treibenden Kräfte. Sie verwandeln imaginierte Möglichkeitsräume in gelebte Utopien – Möge die Vorstellungskraft weiter blühen und mehr und mehr Früchte tragen!

*Sarah Tober*
tober@oekom.de

# Inhaltsverzeichnis

### Räumlichkeiten
Einstiege 12

**Keimzellen für die Transformation** 19
Postwachstum und Raumentwicklung
*Von Benedikt Schmid, Christian Schulz und Sabine Weck*

### Planungsinstrumente

**Mut zur Unsicherheit** 28
Rollenverständnisse in der Postwachstumsplanung
*Von Christian Wilhelm Lamker*

**Über den Kirchturm hinaus** 34
Postwachstum in Regionen
*Von Marco Pütz*

**Stadt, Land, Degrowth** 41
Postwachstumsinitiativen im städtischen und ländlichen Raum
*Von Anne Ritzinger und Sabine Weck*

**Vom Blumenkübel zur Bürgerbewegung** 47
Planungskulturen im Wandel
*Von Martina Hülz, Annika Mayer und Martin Sondermann*

**Das Versprechen der Nische** 53
Lokale Orte als Brückenelement für die Transformation
*Von Bastian Lange*

## Inkubationsräume

**60 Alte Muster aufbrechen**
Impact und Skalierung in der Transformationsdebatte
*Von Benedikt Schmid*

**66 Über die Ambivalenz des Teilens**
Zur Rolle der Sharing Economy in Postwachstumsansätzen
*Von Christian Schulz*

**72 Bewusster Abschied vom Alten**
Innovation und Exnovation im Mobilitätssektor
*Von Sebastian Norck*

**79 Perspektiven aus dem Süden**
Bewertung des Postwachstumsansatzes
*Von Antje Bruns*

## Experimentierfelder

**86 Einen anderen Maßstab wagen**
Kleinteilige Prozessgestaltung in der Raumplanung
*Von Heike Brückner*

**93 Experimentieren erlaubt**
Reallabore in Forschung und Praxis
*Von Benjamin Best*

**100 Zwischen Do it yourself und Kommerzialisierung**
Die Maker-Bewegung im Postwachstumsdiskurs
*Von Matti Kurzeja und Britta Klagge*

**106 Katalysator für den Wandel**
Transformative Planungspraktiken
*Von Viola Schulze Dieckhoff*

Inhalt

**Impulse**

Projekte und Konzepte  111

Medien  115

**Spektrum Nachhaltigkeit**

**Fünf Erfahrungen für starke Proteste**  120
Schnittmengen der Klima- und der Anti-Atom-Bewegung
*Von Matthias Weyland*

**Kreisläufe endlich schließen**  124
Nachhaltige Stoffpolitik im Zeichen der Ressourcenwende
*Von Markus Große Ophoff und Christoph Lauwigi*

**Mentale Pfadabhängigkeiten knacken**  128
Hemmnisse der Transformation
*Von Edgar Göll und Jens Clausen*

**Kriegsopfer Umwelt**  133
Politisch-rechtlicher Rahmen für kriegsbedingte Umweltzerstörung
*Von Manfred Mohr*

**Rubriken**

Editorial  7

Inhalt  9

Impressum  136

Vorschau  137

Für die gedeihliche Zusammenarbeit und die finanzielle Unterstützung danken wir der

Räumlichkeiten

## Rettung der Raumplanung

„Allein die globale ökologische Bedrohung stellt das Modell der marktgesteuerten Wachstumsgesellschaft grundsätzlich in Frage – und rettet damit die Raumplanung."

_ Quelle: Wegener, M. (1999): Raumplanung als Systemrationalität – oder die Rettung der Raumplanung durch die Ökologie. In: Schmals, K. M. (Hrsg.): Dortmunder Beiträge zur Raumplanung (89/1999), S. 170.

## § Grundsätze der Raumordnung

„Im Gesamtraum der Bundesrepublik Deutschland und in seinen Teilräumen sind ausgeglichene soziale, infrastrukturelle, wirtschaftliche, ökologische und kulturelle Verhältnisse anzustreben. Dabei ist die nachhaltige Daseinsvorsorge zu sichern, nachhaltiges Wirtschaftswachstum und Innovation sind zu unterstützen, Entwicklungspotenziale sind zu sichern und Ressourcen nachhaltig zu schützen. Diese Aufgaben sind gleichermaßen in Ballungsräumen wie in ländlichen Räumen, in strukturschwachen wie in strukturstarken Regionen zu erfüllen."

_ Quelle: Raumordnungsgesetz (ROG), § 2 Grundsätze der Raumordnung, Absatz 1, www.gesetze-im-internet.de/rog_2008/__2.html

## Expertise für die Gesellschaft

„Planung folgt, auch in ihrem inkrementellen, partizipativen oder postmodernen Verständnis, immer dem Anspruch, der Gesellschaft Expertise für die nachvollziehbare Ableitung von Handlungsoptionen zu bieten. Damit dies möglich wird, muss die Vorstellung eines angestrebten Zustandes vorhanden sein."

_ Quelle: Knieling, J./Krekeler, M. (2017): Leitbilder als Instrument für eine nachhaltige Raumentwicklung. In: Droege, P./Knieling, J. (Hrsg.): Regenerative Räume. München, S. 22.

Räumlichkeiten

### Zum Begriff Postwachstum

„Postwachstum führt [...] vielfältige und teils widersprüchliche Strömungen und Positionen zusammen. Es ist ein begrifflicher Rahmen, der in den letzten Jahren wesentlich dazu beigetragen hat, Nachhaltigkeits- und Entwicklungsdiskussionen zu politisieren sowie wachstums- und technikfokussierte Zukunftsnarrative zu hinterfragen, die Suche nach grundlegenden und systemischen Alternativen zu stärken und vielfältige Akteure aus sozialen Bewegungen und alternativ-ökonomischen Strömungen zusammenzuführen."

_ Quelle: Schmelzer, M./Vetter, A. (2019): Degrowth/Postwachstum. Hamburg, S. 13.

### Thesen für eine Postwachstumsplanung

1. Postwachstum braucht neue Erfolgskriterien als Handlungsgrundlage!
2. Postwachstumsplanung bedeutet gerechte und demokratische Entscheidungen!
3. Postwachstumsplanung stößt große Transformationen durch kleinteilige Veränderungen an!
4. Postwachstumsplanung braucht experimentelles und künstlerisches Handeln!
5. Postwachstumsplanung muss aus Scheitern lernen!
6. Postwachstumsplaner*innen sind wir alle!

_ Quelle: http://postwachstumsplanung.de

## Demokratische Transformation

„Wer von der Transformation zur Postwachstumsgesellschaft spricht, der sollte von der Demokratie nicht schweigen. Und zwar in einem zweifachen, aufeinander verweisenden Sinne: Einerseits bietet sich an, das tentative Ziel, die angestrebte andere Gesellschaft, in mehr als nur nebensächlicher Hinsicht als demokratisch zu zeichnen und andererseits dann auch den Weg dorthin, die treibende Kraft, als demokratisch zu beschreiben."

_ Quelle: Bohmann, U./Muraca, B. (2016): Demokratische Transformation als Transformation der Demokratie: Postwachstum und radikale Demokratie. In: AK Postwachstum (Hrsg.): Wachstum – Krise und Kritik. Frankfurt a. M., S. 289.

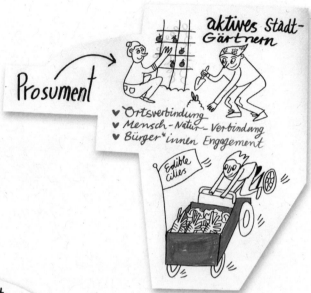

## Zusammen wachsen

„Die Wiederentdeckung des Verlorengegangenen, des Kontakts mit der Erde und ihren Früchten, des Zeitwohlstands, der eigenen Gestaltung von Nahräumen und Sozialräumen – all diese individuellen Strategien aus der Zivilgesellschaft geben wichtige Impulse für eine zukunftsfähige Stadtentwicklung, die heute weitaus mehr Wirkung entfalten könnte, wenn sie stärker korrespondieren würde mit den Nachhaltigkeitsstrategien der Kommunen, die häufig noch zwischen verschiedenen Interessengruppen und Ämterzuständigkeiten zerrieben werden."

_ Quelle: Müller, C. (Hrsg.) (2011): Urban Gardening. Über die Rückkehr der Gärten in die Stadt. München, S. 49.

## Das transformative Potenzial der Pioniere

„Die Herausforderung besteht insbesondere darin, das richtige Maß beim ökologischen Umbau von Wirtschaft und Gesellschaft und bei der Beförderung von Nischeninitiativen aus der Postwachstumsbewegung zu finden, sodass das transformative Potenzial der Pioniere wirkungsvoll zum gesamtgesellschaftlichen Wandel beitragen kann. Dazu zählt beispielsweise auch, dass Politik und Verwaltung in Städten und Regionen vermehrt Experimentierräume für subsistenz- und suffizienz-orientierte Lebensstile ermöglichen und diese konstruktiv begleiten."

_ Quelle: Engel, T./Knieling, J. (2018): »Große Transformation« und nachhaltige Raumentwicklung – Stand der Diskussion und theoretische Zugänge. In: Knieling, J. (Hrsg.): Wege zur großen Transformation. München, S. 26.

## Zehn Orientierungspunkte für eine nachhaltige räumliche Planung

Orientierungspunkt  1:   Wertesensibel handeln
Orientierungspunkt  2:   Ein gutes Leben befördern
Orientierungspunkt  3:   Bevormundung möglichst vermeiden
Orientierungspunkt  4:   Gemeingüter ermöglichen
Orientierungspunkt  5:   Bürger an der Planung beteiligen
Orientierungspunkt  6:   Das richtige Maß suchen
Orientierungspunkt  7:   Die Natur für heutige und zukünftige Menschen schützen
Orientierungspunkt  8:   Gerechtigkeit anstreben
Orientierungspunkt  9:   Wahrhaftigkeit anstreben
Orientierungspunkt 10:   Das Wohl der Betroffenen anstreben, nicht Partikularinteressen dienen

_ Nach Müller, A. (2017): Planungsethik. Eine Einführung für Raumplaner, Landschaftsplaner, Stadtplaner und Architekten. Stuttgart, S. 120-122.

Die auf den Seiten 12 bis 18 abgebildeten Zeichnungen wurden von **Katrina Günther** im Stil des Graphic Recording angefertigt, um die Einsichten, Ergebnisse und den Gruppenprozess des ARL-Jahreskongresses 2019 „Postwachstum und Transformation. Planen – Steuern – Wirtschaften" zu visualisieren und dokumentieren, (https://www.arl-net.de/de/postwachstum).

Postwachstum und Raumentwicklung

# Keimzellen für die Transformation

**Eine wichtige Perspektive fehlt bislang in der Debatte um Degrowth: die räumliche. Es geht um mehr als Flächenverbrauch und Siedlungswachstum. Ins Blickfeld müssen die räumlichen Auswirkungen von Politiken und die Voraussetzungen für wachstumskritische Aktivitäten rücken. Eine Einführung in das Zusammenspiel von Raum und Postwachstum.**

*Von Benedikt Schmid, Christian Schulz und Sabine Weck*

Die Kritik am Modell des immerwährenden ökonomischen Wachstums ist in den vergangenen Jahren stärker in der Gesellschaft angekommen. Zum einen, weil die ökologischen und sozialen Auswirkungen des Klimawandels und die Erschöpfung natürlicher Ressourcen immer deutlicher spürbar und als Generationenfrage auf der Straße thematisiert werden. Zum anderen aber auch, weil zunehmende soziale Ungleichheit den Glauben an das Wohlfahrtsversprechen des kapitalistischen Wachstumsmodells erschüttert. In aktuellen Debatten über Klimawandel, Green (New) Deals und eine sozialökologische Transformation unterstreicht eine wachsende Zahl von Akteur(inn)en die Notwendigkeit einer konsequenten Abkehr von Wachstumszwängen. Postwachstums- oder Degrowth-Ansätze werden inzwischen intensiv und aus verschiedenen Blickwinkeln diskutiert: Alternative Produktions- und Konsummuster sind ebenso Thema wie Fragen nach neuen Arbeitszeitmodellen, Energieversorgung, lokaler Demokratie und Gemeinwohlorientierung, Steuer- und Investitionspolitik oder der Rolle von Sorgearbeit und Ehrenamt.

Weniger Beachtung fanden bisher die räumlichen Implikationen einer Postwachstumsorientierung. Damit sind keinesfalls nur die naheliegenden und plastischen Fragen nach der Eindämmung von Flächenverbrauch und Siedlungswachstum gemeint. Vielmehr geht es sowohl um die potenziellen räumlichen Auswirkungen von Postwachstumspolitiken als auch um die Ermöglichung postwachstumsorientierter Aktivitäten durch die Schaffung räumlicher Voraussetzungen. Welche veränderten Siedlungsformen, Gebäudetypen und Infrastrukturen sind nötig, um neue Formen kollaborativen Wirtschaftens zu ermöglichen oder neue Arbeitszeitmodelle zu praktizieren? Wie unterscheiden sich die Standortanforderungen von Postwachstumsunternehmen von jenen herkömmlicher Wirtschafts- und Organisationsformen? Welche Ansprüche an Städtebau und Infrastruktur verbinden sich mit einer nachhaltigkeitsorientierten Verkehrswende? Welche Effekte haben Re-Regionalisierungsbemühungen (z.B. der solidarischen Landwirtschaft) auf Waren-, Energie- und Finanzströme? Und welche Neubewertung erfahren öffentliche Räume in kollektiver Nutzung (z.B. Urban Gardening, Offene Werkstätten)? Zu diesen Fragen gibt es viele interessante Stimmen aus der raumwissenschaftlichen Forschung, aus dem Städtebau und der Raumplanung, aus Regionalpolitik und Wirtschaftswissenschaften.

## Wachstum anders denken

In der aktuellen Debatte um Postwachstum lassen sich zwei grundlegende Diskurse unterscheiden, die sich nicht gegenseitig ausschließen, sondern sich komplementär ergänzen können. Je nach Motivlage geht es entweder um die (natürlichen) Grenzen des Wachstums oder um die Erwünschtheit von Wachstum.

Die »grüne« Ökonomie, wie zuvor schon Ansätze der Nachhaltigen Entwicklung, erkennt soziale und ökologische Probleme an, sieht jedoch (weiteres) Wirtschaftswachstum als Teil der Lösung. Kernargument dieser Ansätze ist die Möglichkeit einer materiellen Entkopplung von Wachstum durch technologische Effizienzsteigerungen. Eine relative Entkopplung lässt sich dabei durchaus nachweisen, das heißt, die Abnahme der benötigten Ressourcen pro Einheit der Wirtschaftsleistung. Eine absolute Entkopplung, das heißt, ein gesamtwirtschaftlich sinkender Energie- und Materialverbrauch trotz Zunahme der Wirtschaftsleistung, ist jedoch nicht nur außer Sichtweite, sondern muss auch rechnerisch als sehr unwahrscheinlich gelten. (1)

Über die (Un-)Möglichkeiten einer absoluten Entkopplung hinaus wird danach gefragt, wie erstrebenswert weiteres Wirtschaftswachstum ist und für wen. Wachstum wird anhand des Bruttoinlandsprodukts (BIP) gemessen. Dieses Messinstrument spiegelt den Wohlstand oder Fortschritt einer Gesellschaft jedoch nur unzureichend wider. Denn das BIP erfasst zum einen nur die Produkte und Dienstleistungen, die als Waren gehandelt werden. Zum anderen differenziert es nicht nach dessen ökologischen Auswirkungen oder sozialem Nutzen. Darüber hinaus ist das BIP eine Durchschnittsgröße und ignoriert folglich die Ungleichverteilung von Wohlstand und Teilhabe.

> **Neue Formen kooperativen Wirtschaftens bieten Potenziale für postwachstumsorientierte Entwicklung, doch kommt es auf ihre Ausrichtung und konkrete Ausformung an.**

Die politische Orientierung an der Steigerung einer Kenngröße, die nicht die Gesundheit sozialer und ökologischer Systeme, sondern nur deren in Geldwert messbaren Output erfasst, stellt der Postwachstumsansatz infrage. Ausgangspunkt ist das Faktum, dass die ressourcenintensive Lebensweise wohlhabender Bevölkerungsteile maßgeblich zulasten sozialer und ökologischer Verhältnisse an anderen Orten und in der Zukunft geht. Die Kosten dieser Lebensweise, wie die Müllentsorgung, der Treibhausgasausstoß oder die für die Produktion notwendige Arbeitsleistung, werden zum einen in die Zukunft ausgelagert, wie etwa durch den Klimawandel. Andererseits werden sie in andere Orte und Regionen verschoben, beispielsweise durch den Export von Müll oder das Outsourcing von gesundheits- und umweltschädlicher Produktion (vgl. S. 79 ff.). Eine gerechte und zukunftsfähige Wirtschafts- und Gesellschaftsform hingegen muss verallgemeinerbar sein und darf „nicht auf Kosten anderer Menschen und der Natur in Gegenwart und Zukunft gehen". (2)

Auf Basis dieser Kritikpunkte lassen sich drei Zieldimensionen von Postwachstum ausmachen: globale ökologische Gerechtigkeit, ein gutes Leben und Wachstumsunabhängigkeit. (3)

Globale ökologische Gerechtigkeit bedingt, dass eine Gesellschaft ihre Kosten nicht in Raum und Zeit auslagert. Postwachstum zielt in diesem Sinne nicht einseitig auf Schrumpfung ab, sondern auf den Rückbau sozial und ökologisch unverträglicher Bereiche bei gleichzeitigem Prosperieren fairer und nachhaltiger Praktiken, die sich gegebenenfalls auch außerhalb der formalen Wirtschaft bewegen.

Eine zweite Zieldimension ist ein basaler materieller und sozialer Wohlstand, der für alle Personen faktisch und nicht nur formal erreichbar ist. Die Bestimmung, was ein »Gutes Leben« ausmacht, kann nur über demokratische und selbstbestimmte Aushandlungsprozesse erfolgen. Grundlegend geht es dabei um eine radikale Umverteilung von Ressourcen und Wohlstand, die Bereitstellung einer zugänglichen und umfassenden Daseinsfürsorge sowie eine Neuaushandlung wirtschaftlicher Zielsetzungen.

Die genannten Veränderungen bedingen drittens, dass wirtschaftliche Institutionen und Infrastrukturen so ausgestaltet werden, dass sie wachstumsunabhängig sind. Insgesamt zielt Postwachstum damit auf nichts weniger ab als einen grundlegenden institutionellen Umbau, um soziale Gerechtigkeit und ökologische Nachhaltigkeit zu ermöglichen. Dieser Umbau umfasst eine Reihe von Konzepten und Werkzeugen, die Postwachstumsansätze in die Praxis umsetzen sollen. Dazu zählen beispielsweise alternative Wohlstandsindikatoren, Grund- und Maximaleinkommen, Arbeitszeitreduktion, Ressourcen-, Vermögens- und Erbschaftssteuern, Finanz- und Geldreformen, stärkere Partizipation, Regionalisierung der Wertschöpfung, freie Grundversorgung und genossenschaftliche Unternehmensformen. (4)

### Von Coworking bis Urban Gardening

Es gibt explizit räumliche Fragestellungen, die vielseitige Bezüge zu den vorgenannten Aspekten herstellen. (Post-)Wachstum ist eng mit Raumfragen verknüpft und muss daher sowohl in den Raumwissenschaften als auch in räumlicher Planung und Entwicklung eine zentrale Stellung einnehmen. Dabei geht es nicht nur darum, den traditionellen Akteur(inn)en aus Politik und Planung die Möglichkeiten zivilgesellschaftlichen Engagements und sozialökologisch orientierter Organisationen und Unternehmen aufzuzeigen. Es geht vielmehr auch darum, Letztere in ihrer Arbeit zu unterstützen und Formate der Mitbestimmung so anzupassen, dass sie verbindlich in Entscheidungsprozesse eingebunden werden können. Wie sehen die neuen, transformativen Konzepte in Raumforschung und Planungspraxis aus? Eine erste Bilanz macht offene Fragen einer postwachstumsorientierten Raumentwicklung und mögliche Ansatzpunkte für eine Transformation sichtbar.

**Neue Räume für transformative Praktiken**
Die Zivilgesellschaft initiiert und organisiert viele der postwachstumsorientierten Projekte ohne Unterstützung von staatlicher oder privatwirtschaftlicher Seite. Die Entstehung dieser transformativen Keimzellen ist mit einer konkreten Antwort auf eine Problemlage vor Ort verbunden, weil etwa gemeinschaftliches Arbeiten oder nachhaltigeres Produzieren von vielen als notwendig angesehen werden. Beispiele hierfür sind Coworking Spaces (vgl. S. 41 ff.), Makerspaces (vgl. S. 100 ff.), Sharing-Initiativen (vgl. S. 66 ff.) und Urban Gardening (vgl. S. 47 ff.). Je nach Problemlage, Hauptakteur(inn)en und Motiven sind diese Projekte sehr unterschiedlich. Sie entstehen zwar an vielen Orten, lassen sich aber nicht unbedingt kopieren. Es stellt sich daher die Frage, wie aus diesen vielen kleineren Projekten eine größere Bewegung entstehen kann.

Die Skalierbarkeit von Projekten ist ein weiterer Diskussionspunkt (vgl. S. 60 ff.). Damit sind die Möglichkeiten gemeint, lokale Projekte auf eine breitere Basis zu stellen, indem sie institutionalisiert und somit langfristig gesichert werden, auch andernorts initiiert und größer werden können. Um Phänomene jenseits ihrer lokalen Verwurzelung in einen übergeordneten Kontext zu stellen, gilt es, Übergänge und Kontinuen stärker zu bedenken und auf Hierarchien oder starre Ebenen wie lokal oder global zu verzichten. Bei der Skalierung von Postwachstumsinitiativen sind zudem neue Bewertungsmaßstäbe anzulegen (vgl. S. 53 ff.), die qualitative Entwicklungen erfassen, reflexiven Elementen Zeit einräumen und Pluralität ermöglichen.

Impulse aus der Zivilgesellschaft – im Rahmen von konkreten Projekten – können dazu beitragen, etablierte Positionen, Haltungen und Argumentationsmuster in der räumlichen Planung, die noch vielfach einer marktgetriebenen Wachstumsorientiertung verhaftet sind, aufzubrechen (vgl. S. 28 ff.). Beispielhaft dafür stehen auch Reallabore, in denen zukunftsfähige Lebensstile und Wirtschaftsformen in transdisziplinären Formaten ausgehandelt und ausprobiert werden (vgl. S. 93 ff.). Neben sozialen Experimentierräumen braucht es auch Möglichkeitsräume im materiellen Sinn, die frei von unmittelbaren Verwertungsinteressen vielfältige Nutzungen ermöglichen (vgl. S. 34 ff.). Nicht ohne Grund entstehen viele Projekte in Räumen, die aus der Verwertungslogik herausgefallen sind und nicht (mehr) genutzt werden. Viele Urban-Gardening-Projekte starten beispielsweise so. Aber auch für gemeinnützige Organisationen ist der Zugang zu Grund und Boden, Flächen und Räumlichkeiten wichtig, damit sie sich auch langfristig etablieren können. Um neue Räume für transformative Praktiken zu ermöglichen, wird es notwendig sein, nicht nachhaltige Strukturen auch gezielt rückzubauen (vgl. S. 72 ff.).

> **Neben sozialen Experimentierräumen braucht es auch Möglichkeitsräume im materiellen Sinn, die frei von unmittelbaren Verwertungsinteressen vielfältige Nutzungen ermöglichen.**

Planung darf sich nicht starr auf festgeschriebene Umsetzungsziele konzentrieren. Der Prozess selbst – demokratisch, beteiligungsorientiert, nahräumlich – muss im Mittelpunkt der Planung stehen (vgl. S. 106 ff.). Kleinkörnigkeit kann als neues Planungsprinzip gelten, um zivilgesellschaftliche Akteurinnen und Akteure einzubinden (vgl. S. 86 ff.). Relokalisierung ist deshalb ein weiteres Stichwort. Damit ist gemeint, die planerische Konzeptentwicklung und die Abwägung von Interessen in die nahräumliche Sphäre zu bringen, in den Lebensraum von Menschen. Aushandlungsprozesse und Entscheidungen werden »lokalisiert«. Nutzen und Effekte, aber auch die Auswirkungen und Konsequenzen von Entscheidungen für Bewohner(innen) werden erlebbar. Damit ist nicht gemeint, eigennützige Lokalinteressen zu verfolgen: Das bewusste In-Beziehung-Setzen der lokalen Projekte und Praktiken zu den Auswirkungen andernorts ist selbstverständlicher Teil der lokalen Konzeptentwicklung in einer globalisierten Welt.

## Zwischen Nachhaltigkeit und Kommerz

Mit gemeinschaftlich organisierten Nutzungsformen (z.B. Makerspaces) und einer Sharing Economy verknüpfen sich Hoffnungen auf ressourcenschonenderen Konsum, soziale Interaktion und partizipative Entscheidungsprozesse. Es besteht aber auch die Gefahr kommerzieller Vereinnahmung durch renditeorientierte Plattformen, die nur schwerlich mit dem Anspruch von Nachhaltigkeit und Teilhabe in Verbindung zu bringen sind. Neue Formen kooperativen Wirtschaftens bieten Potenziale für postwachstumsorientierte Entwicklung, doch kommt es auf ihre Ausrichtung und konkrete Ausformung an.

Postwachstum und Raumentwicklung bedingen folglich eine enge Verknüpfung unterschiedlicher Akteurinnen und Akteure aus Politik, Wirtschaft, Zivilgesellschaft und Maßstabsebenen von lokal bis global. Alternative Konzepte, Methoden, Praktiken, Indikatoren und Institutionen müssen ins Blickfeld rücken, die mögliche Wege aus der Wachstumsabhängigkeit hin zu sozial gerechten und ökologisch nachhaltigen Formen von Raumentwicklung, Lebens- und Produktionsweisen aufzeigen. (5)

**Anmerkungen**
(1) Jackson, T. (2017): Wohlstand ohne Wachstum – das Update: Grundlagen für eine zukunftsfähige Wirtschaft. München.
(2) I.L.A. Kollektiv (Hrsg.) (2019): Das Gute Leben für Alle: Wege in die solidarische Lebensweise. München.
(3) Schmelzer, M./Vetter, A. (2019): Degrowth/Postwachstum zur Einführung. Hamburg.
(4) Kallis, G. (2018): Degrowth. Newcastle upon Tyne.
(5) Das Konzept für diesen Schwerpunkt „Postwachstum und Raumentwicklung" entstand im Rahmen des Arbeitskreises „Postwachstumsökonomien" der Akademie für Raumentwicklung in der Leibniz-Gemeinschaft (ARL).
Vgl. www.arl-net.de/de/projekte/postwachstums%C3%B6konomien
Im Sommer 2020 erscheint die Anthologie „Postwachstumsgeographien".
www.transcript-verlag.de/978-3-8376-5180-5/postwachstumsgeographien

**Wie macht der Postwachstumsansatz Raum gut?**
a) Indem Postwachstum einen ehrlichen Blick in die Welt wirft und Prioritäten neu sortiert.
b) Indem er Land gewinnt gegenüber wachstumsfixierten Leitbildern.
c) Weil er Raum für Gemeinsinn, Lebensqualität und ein gutes Leben für alle schafft.

**Zu den Autor(inn)en**
a) Benedikt Schmid, geb. 1988, promovierte in Geographie und ist derzeit wiss. Mitarbeiter am Lehrstuhl für Geographie des Globalen Wandels an der Universität Freiburg.
b) Christian Schulz, geb. 1967, ist Wirtschaftsgeograph. Er lehrt und forscht an der Universität Luxemburg zu alternativen Wirtschaftsformen und Postwachstumsansätzen.
c) Sabine Weck, geb. 1963, ist Stadt- und Raumplanerin und arbeitet am Institut für Landes- und Stadtentwicklungsforschung in Dortmund zu den Themen soziale Kohäsion und lokale Entwicklung.

**Kontakte**
Dr. Benedikt Schmid
Universität Freiburg
E-Mail
benedikt.schmid@geographie.uni-freiburg.de

Prof. Dr. Christian Schulz
Universität Luxemburg
E-Mail christian.schulz@uni.lu

Dr. Sabine Weck
ILS - Institut für Landes- und Stadtentwicklungsforschung Dortmund
E-Mail sabine.weck@ils-forschung.de

## PLANUNGSINSTRUMENTE

Die Perspektiven der Postwachstumsdebatte kommen in der Raumplanung bislang zu kurz. Die Zivilgesellschaft schreitet unterdessen mutig voran und leistet mit Urban Gardening, Solidarischer Landwirtschaft oder in Offenen Werkstätten wertvolle, gemeinwohlorientierte Pionierarbeit. – Wie finden Postwachstumsinitiativen den Weg aus der Nische? Wann wird ressourcenschonende Raumgestaltung zur Selbstverständlichkeit? Was muss sich im Rollenverständnis der Raumplanenden ändern?

Rollenverständnisse in der Postwachstumsplanung

# Mut zur Unsicherheit

**Die Rolle von Stadtplanerinnen und Raumplanern orientiert sich bislang zu stark am marktgetriebenen Wachstum. Damit sich Städte und Regionen kollektiv, langfristig und mit hoher Lebensqualität innerhalb ökologischer Belastungsgrenzen gestalten lassen, braucht es neue Rollenverständnisse, Mut und Experimentierfreude.**

*Von Christian Wilhelm Lamker*

Was unsere Städte und Regionen ausmacht, verändert sich beständig: Menschen werden älter, neue Menschen werden geboren und bevorzugte Lebensmodelle wandeln sich. Menschliches Leben ist eng mit Dynamik und Veränderung verbunden. Die bauliche Umgebung ist zwar vergleichsweise persistent, wird aber ebenfalls kontinuierlich verändert durch geplante und ungeplante Nutzung, technologische Möglichkeiten und natürliche Einflüsse. Als Disziplin muss sich die Stadt- und Raumplanung mit den räumlichen Bedingungen unserer Lebensqualität auseinandersetzen, ohne einseitig ein Lebensmodell vorzuschreiben. Richtet man ein Schlaglicht auf das Zusammentreffen von Postwachstum und Planung und darauf aufbauende Rollenverständnisse, eröffnen sich konstruktive Wege in die Zukunft.

Die Stadt- und Raumplanung greift die Gedanken aus der Postwachstumsdebatte zunehmend aktiv auf. Spannungsreiche Konflikte entstehen für eine Disziplin, die professionalisiert und institutionalisiert wurde, um Wachstumsaufgaben zu bewältigen. Eine erste Bewältigungsprobe gab es im 19. Jahrhundert aufgrund negativer Folgen von Industrialisierung und Bevölkerungsexplosion in Städten. Eine weitere folgte zum Ende des 20. Jahrhunderts in der aktiven Förderung von Wirtschaft und Wachstum, oft vor allem durch Bereitstellung von Fläche für Siedlungs- und Verkehrsprojekte. Seit der Veröffentlichung des Berichts des Club of Rome 1972 wird umfassend über die Grenzen des Wachstums debattiert.

Nachhaltige Raumentwicklung ist heute das Ziel aller Planungen nach Raumordnungsgesetz (ROG) und Baugesetzbuch (BauGB). Vor allem jüngere Menschen, oft definiert bis zu einem Alter von etwa 35 bis 40 Jahren, fordern aber eine neue Form der Auseinandersetzung und vor allem ein mutigeres Handeln ein.

## Postwachstumsimpulse

Das Jahr 2019 zeigte mit einer Vielzahl von Veröffentlichungen ein enormes Engagement in der Postwachstumsdebatte. (1) Diskussionsstränge innerhalb der Ökonomie, Psychologie, Soziologie und der Transformationswissenschaft kritisieren die jeweils vorherrschenden Lehrmeinungen und erarbeiten daraus einen klaren Handlungs- und Veränderungsauftrag. In der Psychologie und der Transformationswissenschaft werden Handlungen aller gesellschaftlichen und politischen Akteurinnen und Akteure eingefordert. Die Ökonomie und die Soziologie arbeiten sich an den systemischen Zusammenhängen einer wachstumsorientierten Welt ab. Eine dezidiert räumliche Perspektive ist bisher jedoch kaum eingeflochten in ein Verständnis von Transformation jenseits von Wachstum. (2)

Viele Veröffentlichungen zeigen klare Problemfelder auf und analysieren grundlegende Triebkräfte des Wandels. Sie suchen aber noch nach der konkreten Art und Umsetzung einer (transformativen) Veränderung. Andere fokussieren sich konkreter auf gute räumlich oder zeitlich begrenzte Beispiele wie etwa den Tag des guten Lebens, Transition Towns oder Urban Commons.

Der Erhalt unserer Lebensgrundlagen und die Verbesserung der Lebensqualität für Menschen bildet den Rahmen für alle Verständnisse von Postwachstum. Die Verknüpfung dieser Aspekte in größere räumliche Einheiten wie Städte, Regionen oder Länder findet bisher aber noch zu wenig statt. Postwachstum muss nicht die dogmatische Ablehnung jeden Wachstums bedeuten. Transformative Veränderung lässt sich so gestalten, dass sie kein Wachstum als Grundlage braucht und nicht zu einem Wachstum beitragen muss. Der Postwachstumsdiskurs wendet sich gegen die Hoffnung auf eine Lösung der wachstumsbedingten Probleme und der Überbeanspruchung verfügbarer Ressourcen durch neue Technologien, beispielsweise im Sinne eines grünen Wachstums (Green Growth). Planetare Grenzen bilden eine Obergrenze für unser Handeln. Die Erfolgskriterien für gesellschaftliche, politische und ökonomische Prozesse müssen entkoppelt werden von einem Wachstum der am Bruttoinlandsprodukt gemessenen Wirtschaftsleistung oder – mit einem Raumbezug – der Einwohnerzahl oder der zusätzlich genutzten Siedlungs- und Verkehrsfläche.

**Vielfältige Rollenverständnisse**
Es gibt Rollenverständnisse, die ein verändertes staatliches Handeln vorsehen, idealtypische Erklärungsansätze aus planungstheoretischen Strömungen bieten, planerische Fachexpertise und normative Grundhaltungen abgrenzen oder einen komplexen Planungsalltag in greifbaren Begriffen beschreiben. (3) Planer(innen) erfahren in vielfältigen Rollen Anerkennung – unter anderem als Moderator(inn)en zwischen verschiedenen Interessen, als Koordinator(inn)en räumlicher Nutzungsansprüche, als Problemlöser(innen) in Städten und Regionen sowie als Unterstützer(innen) gesellschaftlicher und politischer Aushandlungsprozesse. Diese gut verständlichen Rollen helfen, auch unter Unsicherheit handlungsfähig zu bleiben und gegenseitige Handlungserwartungen zwischen Gesellschaft, Politik und Planung zu beschreiben.

Aus diesen Rollen ist bisher dennoch kein Momentum in Richtung einer Postwachstumsperspektive entstanden. Im Gegenteil verhaftet die Rolle von Planer(inne)n oft in einer marktgetriebenen Wachstumsorientierung. Planer(innen) suchen nach konsensualen Lösungen und einem Ausgleich zwischen ökologischen, ökonomischen und sozialen Belangen, der zunehmend schwieriger erscheint. Radikale Forderungen im Sinne des Postwachstumsdenkens richten sich heute an etablierte Institutionen, zu denen auch Stadt- und Raumplanung gehören. Tief greifende Studien über Triebkräfte kapitalistischer Stadtproduktion sehen Planer(innen) im Dilemma, zugleich Problem und mögliche Lösung zu sein. (4) Die Bewegung Fridays for Future steht beispielhaft dafür, wie sich zivilgesellschaftlicher Aktivismus auf wissenschaftliche Evidenz zu Ursachen und Folgen des Klimawandels und zugleich auf politisch gesetzte Ziele zu dessen Begrenzung beruft. Forderungen wie das 1,5-Grad-Ziel für die maximale Erderwärmung sind von Politiker(inne)n auf allen Ebenen beschlossen und bei Planer(inne)n akzeptiert.

Postwachstumsimpulse treffen auf eine Auseinandersetzung über geeignete Rollenverständnisse, mit denen Planer(innen) in einer Transformation, die über einzelne Beispiele räumlich zusammenführt, aktiv Handelnde sein können. (5) Rollenverständnisse sind ein Werkzeug zum kollektiven Verstehen, Reflektieren und Organisieren einer Transformation. Sie sind komplexe Verhaltensmuster, die verständlich und in unterschiedlichen Kontexten offen für Verwendung, Anpassung bis hin zu Improvisation sind.

> „ Eine dezidiert räumliche Perspektive ist bisher kaum eingeflochten in ein Verständnis von Transformation jenseits von Wachstum. "

Etablierte Rollenverständnisse sind bisher nur bedingt in der Lage, eine hohe Veränderungsdynamik und alternative normative Orientierungen zu verarbeiten. Im Sinne des mutigeren Handelns erfordert die aktuelle Raumplanungsdebatte einen stärkeren Fokus auf eigene und gesellschaftliche Handlungsmöglichkeiten, um zur Tat zu schreiten. Mit Blick auf die Zukunft geht es um die Ergänzung einer klaren Zielrichtung (oft eine Transformation zu einer ökologisch-sozialen Nachhaltigkeit) innerhalb begrenzter Ressourcen (oft dem Konzept planetarer Grenzen folgend). Rollenverständnisse müssen eine Vielfalt von Handelnden inspirieren, motivieren und einbeziehen können sowie das Anführen von Prozessen einer Postwachstumsplanung ermöglichen. Dazu gehört auch, der Initiative von anderen offen gegenüberzutreten und ihnen gedanklich wie real Freiraum zu lassen, beispielsweise in nachbarschaftlichen Organisationen, urbanen Gärten oder genossenschaftlichen

Projekten. Zugleich zwingen ökologische Belastungsgrenzen aber auch dazu, mutig zu handeln und Entscheidungen schnell umzusetzen.

**Die besondere Kraft der Planung**

Postwachstum fordert Veränderung mit teils radikalen Modellen. Dabei sollen aber ebenso alle Menschen in ihrer Vielfalt wahrgenommen und wertgeschätzt werden, sodass es nicht um die wissenschaftliche Entwicklung und lineare Implementierung einer singulären Alternative gehen kann. Rollenverständnisse in einer Postwachstumsgesellschaft müssen zugleich vielfältig und dynamisch sein wie auch klare Entscheidungen und deren Umsetzungen ermöglichen. Gefordert ist ein Aushandlungsprozess um neue transformative Rollenverständnisse, die eine Vielfalt von Akteur(inn)en zusammenhalten und in eine gemeinsame Richtung führen. Diese dynamische Brücke zwischen Planer(inne)n, zivilgesellschaftlichen Akteur(inn)en und Politiker(inne)n hat großes Veränderungspotenzial. Die Navigation in diese Richtung fordert dazu auf, vielfältige Akteurinnen und Akteure zu ermuntern und zu aktivieren, aber zugleich die verfügbaren – auch harten – Instrumente mutiger zu nutzen.

Die Orientierung an Wachstum aufzugeben, bedeutet, aktiv mit nicht auflösbaren Unsicherheiten zu handeln, mögliche Wege zu erforschen und kollektiv zu experimentieren. Postwachstumsimpulse setzen das Handeln in den Mittelpunkt und fordern Verantwortung und Haltung (auch) gegen unhinterfragte Triebkräfte einer wachstumsorientierten Umgebung. Sicherheit entsteht weder in technischen Lösungsversuchen noch in kommunikativen Prozessen. Vielmehr ist es die besondere Kraft von Planung, mit wechselnden Rollenverständnissen und der Reflexion eigener Rollen Teil großer Veränderungen zu sein. Die zukünftige Richtung eröffnet sich aus einer Postwachstumsperspektive in konfliktreicher Auseinandersetzung, die geführt werden muss.

Für die Stadt- und Raumplanung bleibt eine große Unsicherheit, welches die unmittelbaren praktischen Möglichkeiten vor einem Postwachstumshintergrund sind. Vor allem betrifft das die Frage, welche Möglichkeiten Planer(innen) angesichts der umfassenden gesellschaftlichen Transformation überhaupt haben, um bedeutungsvoll aktiv zu werden. Seit die (Große) Transformation in der Diskussion ist, hat sich die Rhetorik bereits verändert: Reallabore, Coproduktion von Raum und Wissen, transdisziplinäre Forschung und transformative Praktiken sind etabliertes Vokabular. Darin spiegelt sich ein Wandel zu unmittelbarem Handeln, aber auch der Wunsch nach einer Neudefinition der Gestaltung von Stadt und Region in einer kontinuierlichen Verbindung mit wissenschaftlicher Erkenntnis. Die Postwachstumsdebatte liefert gute Gründe dafür, Planer(innen) auch in der Rolle von Erforscher(inne)n, Motivator(inn)en und Inspirator(inn)en zu sehen, die eine positive Vision zu räumlichen Veränderungen vorantreiben.

**Anmerkungen**
(1) Schmelzer, M./Vetter, A. (2019): Degrowth/Postwachstum. Zur Einführung. Hamburg.
(2) Schmid, B. (2019): Degrowth and postcapitalism: Transformative geographies beyond accumulation and growth. In: Geography Compass (13/11), S. 1-15.
(3) Lamker, C. W./Levin-Keitel, M. (2019): Planung im Wandel – von Rollenverständnissen und Selbstbildern: Editorial. In: Raumforschung und Raumordnung/Spatial Research and Planning (77/2), S. 107-113.
(4) Stein, S. M. (2019): Capital city: Gentrification and the real estate state. The Jacobin series. London, New York.
(5) Wittmayer, J. M. et al. (2017): Actor roles in transition: Insights from sociological perspectives. In: Environmental Innovation and Societal Transitions (24), S. 45-56.

**Wie macht der Postwachstumsansatz Raum gut?**
Mit mutigen Rollen zur Erforschung, Motivation, Inspiration & Führung der räumlichen Transformation.

**Zum Autor**
Christian Wilhelm Lamker, geb. 1984, ist Assistant Professor for Sustainable Transformation & Regional Planning an der University of Groningen in den Niederlanden. Er forscht und lehrt zu Rollen in der Planung, Postwachstumsplanung, Planungstheorie, Regionalplanung und Leadership in nachhaltiger Transformation.

**Kontakt**
Dr. Christian Wilhelm Lamker
University of Groningen
Department of Spatial Planning & Environment
E-Mail c.w.lamker@rug.nl

Postwachstum in Regionen

# Über den Kirchturm hinaus

**Regionen, die sich bewusst vom »Höher, Schneller, Mehr« verabschieden, sind wichtige Bausteine einer Postwachstumsgesellschaft. Auf den Eckpfeilern Suffizienz, Solidarität, Gemeinwohl und Experimentierfreude gebaut, bietet die regionale Ebene den idealen Raum für alternative Modellvorhaben.**

*Von Marco Pütz*

Raumentwicklung folgt in der Regel dem Wachstumsparadigma. Aus Sicht von Städten und Gemeinden kann die Geschichte dazu immer ungefähr gleich erzählt werden: Städte und Gemeinden sind daran interessiert, größer zu werden und zu wachsen, das heißt mehr Einwohner(innen) zu haben, mehr Betriebe anzusiedeln, mehr Steuereinnahmen zu generieren. Diese Wachstumsabhängigkeit wird zu einer Abwärtsspirale, wenn sich Städte und Gemeinden in einem Standortwettbewerb wähnen und ihre Nachbarn als Konkurrenten um eben Einwohner(innen), Betriebe und Steuereinnahmen sehen.

Falls Investitionen in die Standortattraktivität und Wettbewerbsfähigkeit, zum Beispiel in neue Gewerbegebiete und ausgebaute Verkehrsinfrastruktur, nicht erfolgreich sind, bleiben oft zerstörte Natur und Landschaft, unzufriedene Bürger(innen), die vielleicht sogar wegziehen, hohe Kosten für den Unterhalt von Infrastrukturen und im schlimmsten Fall eine überschuldete Gemeinde zurück. Um diesen negativen Folgen der Wachstumsabhängigkeit entgegenzuwirken, verfolgen Städte und

Gemeinden schon seit Jahrzehnten Konzepte einer endogenen, nachhaltigen oder resilienten Entwicklung. Im Zuge der Debatte um Postwachstum und Degrowth erhalten diese Ansätze neue Aufmerksamkeit. Ihnen gemeinsam ist oft, dass sie einen regionalen, das heißt gemeindeübergreifenden oder grenzüberschreitenden Ansatz verfolgen. Die regionale Ebene liegt in der Regel zwischen einer höheren staatlichen Ebene (Bund, Land, Kanton) und der Gemeindeebene und zeichnet sich durch flexible, themen- und akteursbezogene Raumrelationen aus. Eine postwachstumsorientierte Regionalentwicklung und das Gestalten von Postwachstumsregionen sind konkrete Bausteine einer Postwachstumsgesellschaft.

Um Missverständnisse zu vermeiden, sei betont, dass schrumpfende Regionen hier nicht als Postwachstumsregionen verstanden werden. Regionen, in denen kein Wachstum mehr stattfindet, weil Industriebetriebe oder Bevölkerung abgewandert sind, sind nicht per se Postwachstumsregionen.

### Das Regionale am Postwachstum

Was können Postwachstumsregionen sein? Bei der Suche nach Antworten stehen drei Fragen im Mittelpunkt: Was ist das Regionale am Postwachstum, das heißt, welche regionalen Bezüge haben Postwachstumsökonomien? Welche Anforderungen sollte eine postwachstumsorientierte Regionalentwicklung erfüllen und wie neu sind diese? Wie lassen sich Postwachstumsregionen fördern und wie könnte ein Pilotprogramm zur postwachstumsorientierten Regionalentwicklung aussehen? Eine erste Annäherung an das Regionale von Postwachstumsökonomien kann über die Frage nach ihren konkreten Raumbezügen und Standorten erfolgen. Hier fällt auf, dass viele Initiativen und Praxisbeispiele explizit auf Städte ausgerichtet sind und auch so heißen, etwa Transition Towns, Slow Cities oder Urban Gardening. Ebenso städtisch sind viele Bausteine einer Sharing Economy. Sie kommen dort zumindest häufiger vor, weil nur in Städten die kritische Masse an Nutzenden groß genug ist für die Nutzung von Angeboten wie Carsharing, Coworking Spaces oder Tauschringen. Als explizit ländliche Beispiele sind Öko- oder Energiedörfer zu nennen. Weiter gibt es Projekte, die weder als spezifisch städtisch noch ländlich einzustufen sind und im Prinzip überall vorkommen können, etwa Wohn- oder Energiegenossenschaften, Repair-Cafés, Makerspaces oder Fab Labs. Aber auch diese kommen natürlich aufgrund der Konzentration an Menschen und ökonomischen Aktivitäten in Städten häufiger als auf dem Land vor. Als explizit regional orientierte Beispiele lassen sich Formen der solidarischen Landwirtschaft oder Produzent(inn)en-Konsument(inn)en-Gemeinschaften in Stadt-Umland-Situationen sowie regionale Währungen nennen.

> **Experimente dürfen scheitern, Regionen dürfen schlechte Erfahrungen sammeln. Nur so lässt sich herausfinden und lernen, was funktioniert und welche Veränderungen notwendig und wirksam sind.**

Eine weitere Annäherung an das Regionale von Postwachstumsökonomien kann über die angestrebten Transformationen der Wirtschaft erfolgen. Eine grundlegende Veränderung von Produktions- und Konsummustern, eine Dekarbonisierung der Wirtschaft, mit saubereren Technologien und weniger Ressourcenverbrauch, muss offensichtlich nicht nur in einzelnen Städten oder Dörfern erfolgen, sondern erfordert flächendeckende und tief greifende Veränderungen. Diese grundlegenden Umbrüche lassen sich in der Regel nicht durch individuelle Konsumentscheidungen (z.B. weniger Fleisch, kleinere Wohnung, kein Auto) oder durch einzelne Gemeinden und Regionen alleine herbeiführen. Entscheidend sind vielmehr veränderte nationalstaatliche und internationale Spielregeln (etwa im Steuersystem oder auf dem Finanzmarkt).

Natürlich können Regionen (etwa als Planungsverband oder Gemeindenetzwerk) ihre Spielregeln zum Teil auch freiwillig selbst ändern. Allerdings sind Regionen in der Regel nur schwach institutionalisiert und ihr Handlungsspielraum ist beschränkter als der der politisch-administrativen Ebenen. Interessanterweise liegt hier aber gleichzeitig auch ein großer Vorteil von Regionen. Gerade weil sie nicht Teil des politisch-administrativen Systems sind, weil sie räumlich sehr spezifisch abgegrenzt werden können, und weil regionale Aktivitäten auf Freiwilligkeit und Kooperation basieren und oft partizipativer ablaufen, können Regionen früher, flexibler und experimenteller handeln. Die regionale Ebene ist damit ideal für innovative Pilotaktivitäten und Modellvorhaben – vorausgesetzt, sie sind politisch und gesellschaftlich gewollt.

Die Postwachstumsdebatte erfordert von der Regionalpolitik aus zwei Gründen ein Umdenken: Erstens sollte Regionalpolitik anders begründet werden. Bisher ist der zentrale Ausgangspunkt für regionalpolitische Maßnahmen, dass Entwicklungsunterschiede ausgeglichen und regionale Disparitäten verringert werden sollen, um Lebensbedingungen gleichwertig zu gestalten. Damit werden bestehende regionale Vielfalt und regionale Unterschiede als Wachstumstreiber interpretiert. Es ist nicht überraschend, dass regional- und strukturpolitische Konzepte auf Wachstum ausgerichtet sind. Beispiele sind hier die europäische Kohäsionspolitik mit ihrer Ausrichtung auf „smart, sustainable, and inclusive growth" (intelligentes, nachhaltiges und inklusives Wachstum).

Zweitens gehört zu diesem Umdenken, dass wir das in Zentrum und Peripherie strukturierte Denken überwinden. Es ist nicht hilfreich, Regionen nur aufgrund ihrer Lage oder Ressourcenausstattung dieser Dichotomie zuzuordnen. Ein Zentrum ist zudem meist positiv konnotiert und erhält mehr Aufmerksamkeit. Die Peripherie bleibt in der Debatte außen vor und hat das Image einer marginalisierten oder rückständigen Verliererregion. Vielmehr zeichnen sich jedoch Regionen durch netzwerkartige, polyzentrale und arbeitsteilige Strukturen aus. Jeder (Teil-)Raum ist durch eigene Qualitäten, Potenziale und Logiken geprägt. Innovationen können grundsätzlich überall und lageunabhängig entstehen.

## Vier Anforderungen an die Regionalentwicklung

Vor diesem Hintergrund sollte sich eine postwachstumsorientierte Regionalentwicklung den folgenden Anforderungen stellen:

1) *Suffizienz:* Produktion und Konsum sowie Ressourcenverbrauch sind zu reduzieren. Hier lässt sich anknüpfen an Ideen wie etwa Kreislaufwirtschaft, regionale Ressourcennetzwerke, industrielle Ökologie, Maschinenringe oder ökologische Vernetzung.

2) *Solidarität und regionale Arbeitsteilung:* Nicht jede Gemeinde braucht jede Infrastruktur. Ausbaustandards für technische und soziale Infrastrukturen sollten nur noch regional definiert werden und nicht mehr nur von der Einwohnerzahl einzelner Gemeinden abhängen. Keine Gemeinde sollte alleine ein Gewerbegebiet ausweisen oder sich als touristische Destination vermarkten dürfen. Damit verlagern sich Entscheidungsprozesse auf die regionale Ebene und erfordern eine neue Kultur von Partizipation und Konsultation.

> **Neu ist, dass sowohl Handlungsdruck – Stichworte planetare Grenzen und Anthropozän – als auch Handlungsspielräume – Stichwort Digitalisierung – globaler und standortungebundener sind.**

3) *Gemeinwohl:* Regionen sollten Grund und Boden, Gebäude und Infrastrukturen möglichst nicht dem freien Spiel von gewinnorientierten, spekulationsanfälligen Boden-, Immobilien- und Finanzmärkten überlassen. Regionale Gemeinwohlinteressen sollten über privaten oder kommunalen Partikularinteressen stehen. Genossenschaften, Stiftungen und andere Modelle der Gemeinwohlökonomie sind besser geeignet, um beispielsweise den gewünschten Bedarf an Wohn- und Gewerbeflächen sicherzustellen und sogenannte Common Pool Ressourcen zu bewirtschaften (u.a. Kulturland, Trinkwasser, Wärme). Dabei ist Gemeinwohlorientierung mehr als Daseinsvorsorge. Und es geht nicht um eine Verstaatlichung oder Kommunalisierung von Aufgaben. Auch unternehmerisches Handeln kann gemeinwohlorientiert sein. Wenn sich öffentliche und private Akteurinnen und Akteure stärker am Gemeinwohl orientieren müssen, kann Boden gerechter besteuert und Wohnen bezahlbarer werden.

4) *Experimente:* Da Regionalentwicklung oft projektbasiert ist und über Förderprogramme, Pilotaktivitäten und Modellvorhaben gestaltet wird, bieten sich in der

Regel Chancen zum Ausprobieren und Testen neuer Ideen, zum Beispiel mit Testplanungen, in Reallaboren (vgl. S. 93 ff.) oder Zukunftswerkstätten. Experimente dürfen scheitern, Regionen dürfen schlechte Erfahrungen sammeln. Nur so lässt sich herausfinden und lernen, was funktioniert und welche Veränderungen notwendig und wirksam sind.

Diese Anforderungen sind im Wesentlichen nicht neu. Über die Grenzen des Wachstums und nachhaltige Entwicklung sprechen wir seit den 1970er-Jahren. Genossenschaften und Allmendebewirtschaftung sind noch viel älter. Neu ist zum einen, dass sowohl Handlungsdruck – Stichworte planetare Grenzen und Anthropozän – als auch Handlungsspielräume – Stichwort Digitalisierung – globaler und standortungebundener sind. Zum anderen ist neu, dass Themen wie Suffizienz, Solidarität, Gemeinwohl und Experimente aus der Nische in den Mainstream der Regionalentwicklung kommen. Bisher wird zu diesen Themen nur in Pilotprojekten und im geschützten Rahmen außerhalb von Verwaltungsroutinen gearbeitet. Das sollte sich ändern.

**Pilotprogramm starten**

Modellvorhaben können ein guter Start sein, um herauszufinden, welche Rolle Städte, Gemeinden und Regionen in der Postwachstumsgesellschaft spielen können. In einem „Pilotprogramm Postwachstumsregionen" ließen sich wertvolle Erfahrungen sammeln, wie sich Postwachstum in der Regionalentwicklung fördern lässt. In Anlehnung an etablierte Formate wie die „Modellvorhaben der Raumordnung" des Bundesinstituts für Bau-, Stadt- und Raumforschung (BBSR) oder als Weiterentwicklung der „Forschung für nachhaltige Entwicklungen" (FONA) des Bundesministeriums für Bildung und Forschung (BMBF) ist denkbar, die oben genannten Anforderungen Suffizienz, Solidarität, Gemeinwohl und Experimente als Eckpfeiler eines Pilotprogramms Postwachstumsregionen zu installieren. So kann nicht nur vor Ort in Städten und Regionen, sondern im ganzen Mehrebenensystem ein stärker prozess-, aktions- und projektorientiertes Raumentwicklungs- und Politikverständnis gelebt werden.

Die Projekte eines Pilotprogramms sollten regional und sektorübergreifend ausgerichtet sein und verschiedene Themenschwerpunkte setzen (u.a. Wohnen, Ernährung, Gesundheit, Mobilität, Ver- und Entsorgung). Die Projekte sollten Optionen für alternatives Wirtschaften und generell ein offeneres Verständnis von Wirtschaft zeigen. Regionalentwicklung ist mehr als nur Gewerbeflächenentwicklung und Standortmarketing. Außerdem sollten Regionen sich vorausschauend mit alternativen Entwicklungsmöglichkeiten beschäftigen. Sie sollten eigene Vorstellungen für ihre Regionen entwickeln und selbst Antworten auf veränderte oder sich verändernde Lebenswirklichkeiten (z.B. durch Klima- oder demografischen Wandel) geben können. Diese Antworten sind naturgemäß regionalspezifisch und daher von Region zu Region unterschiedlich.

Klar ist aber auch, dass ein Pilotprogramm und Projekte der Regionalentwicklung nur Impulse setzen und im besten Fall gute Beispiele liefern können. Noch wichtiger ist es sicher, an den großen Rädern zu drehen und strukturelle Veränderungen herbeizuführen – unter anderem im Steuersystem, in der Bodenpolitik, beim Klimaschutz und beim Ressourcenverbrauch.

**Wie macht der Postwachstumsansatz Raum gut?**
Global denken, regional handeln, oder: in dubio pro regio.

**Zum Autor**
Marco Pütz, geb. 1971, ist Geograph. Er leitet die Forschungsgruppe Regionalökonomie und Regionalentwicklung an der Eidgenössischen Forschungsanstalt für Wald, Schnee und Landschaft (WSL) und lehrt am Geographischen Institut der Universität Zürich.

**Kontakt**
PD Dr. Marco Pütz
Eidgenössische Forschungsanstalt WSL
E-Mail marco.puetz@wsl.ch

Postwachstumsinitiativen im städtischen und ländlichen Raum

# Stadt, Land, Degrowth

**Postwachstumsinitiativen müssen sich sowohl in der Stadt als auch auf dem Land etablieren. Mit solidarischer Landwirtschaft, Coworking Spaces und gemeinwohlorientiertem Unternehmertum gibt es bereits Paradebeispiele für alternatives, wachstumskritisches Wirtschaften.**

*Von Anne Ritzinger und Sabine Weck*

_____Wachstum ist ein grundlegendes Paradigma räumlicher Entwicklung in der Stadt und auf dem Land. Wer über Innovation, Entwicklung und Wachstum spricht, verortet diese häufig implizit in den Metropolregionen. Doch auch in ländlichen Regionen stehen beispielsweise durch Gewerbe- und Wohngebietsausweisungen im kommunalpolitischen Alltag häufig Wachstumsziele an erster Stelle. Literatur zur Postwachstumsökonomie nimmt explizit oder implizit meist Bezug auf städtische Räume. Ein Umsteuern in Richtung postwachstumsorientierten Handelns ist aber überall notwendig – sowohl in der Stadt als auch auf dem Land.

Es gibt unterschiedliche Ansätze von Postwachstumsökonomien in städtischen und ländlichen Räumen. Je nach Raumstrukturen ergeben sich Besonderheiten, aber auch Verbindungslinien zwischen den Ansätzen. Anhand von Beispielen aus den Bereichen Produktion (Solidarische Landwirtschaft), Arbeit (Coworking Spaces) und Finanzen (Gemeinwohlökonomische Beteiligungs- und Finanzierungsmodelle) lässt sich die Frage untersuchen, welche besonderen Voraussetzungen und Chancen sich in städtisch geprägten sowie in ländlichen Räumen ergeben. Wie können sie sich bestenfalls gegenseitig ergänzen?

Ansätze der solidarischen Landwirtschaft bringen Verbraucher(innen) in den Städten mit Erzeuger(inne)n landwirtschaftlicher Produkte in der städtischen Peripherie respektive im ländlichen Raum zusammen. Das Grundprinzip der solidarischen Landwirtschaft besteht darin, dass sich Produzent(inn)en und Konsument(inn)en die Vorinvestitionen, das Risiko schwankender Erträge und die Ernte teilen. Dazu findet sich in der Stadt eine Gruppe von Menschen, die die Abnahme eines bestimmten Kontingents von landwirtschaftlichen Produkten garantiert und dafür frische, qualitativ hochwertige Nahrungsmittel von einem bäuerlichen Betrieb in räumlicher Nähe erhält. Der bäuerliche Betrieb hat dafür Planungssicherheit und dadurch auch ein sicheres Einkommen. Mit der solidarischen Landwirtschaft ist auch eine stärkere Verantwortung für die lokale Umwelt, Transparenz in der Lebensmittelproduktion und eine stärkere Unabhängigkeit von global agierenden Agrarkonzernen verbunden.

Solidarische Landwirtschaft ist aus postwachstumsökonomischer Perspektive ein Paradebeispiel für eine Win-win-Strategie, bei der für die Beteiligten in Stadt wie Land ein Gewinn entsteht. Beispiele für solidarische Landwirtschaft sind mittlerweile omnipräsent und im Umkreis jeder Großstadt zu finden. Sie leisten durch regionale Einbindung, lokale Vernetzung, Eigenverantwortung und ehrenamtliches Engagement einen Beitrag zu einer Lebensmittelproduktion ohne steigenden Ressourcenverbrauch. Als wichtige Rahmenbedingung hat sich ein unterstützender institutioneller Rahmen seitens der kommunalen Verwaltung erwiesen.

### Arbeiten mit gesellschaftlichem Anspruch

Coworking Spaces haben sich in den letzten Jahren in vielen Städten, aber auch zunehmend in ländlichen Regionen entwickelt. In städtischen Räumen bieten sie vorwiegend neue Formen der Zusammenarbeit, flexiblere, günstigere Lösungen anstelle selbst gemieteter Büroräume. Manche Coworking Spaces, wie das Netzwerk der Impact Hubs, verstehen sich auch als Rahmen- und Impulsgeber für gemeinwohlorientiertes Unternehmertum. Sie bieten in Räumlichkeiten wie beispielsweise ehemaligen Lagerhallen nicht nur unterstützende Infrastruktur wie Arbeitsplätze, technische Ausstattung und Postadresse, sondern auch vielfältige Vernetzungs-, Fortbildungs- und Diskussionsangebote.

Nutzer(innen) in ländlichen Räumen verfolgen eher das Ziel, eine Alternative zu Homeoffice oder langen Pendeldistanzen in die Städte zu schaffen. Auch hier gibt es erfolgreiche Coworking Spaces, die zu wichtigen Impulsgebern für nachhaltige Gemeinde- und Regionalentwicklungsprozesse werden können. Sie dienen häufig dazu, meist leer stehende Immobilien und Standorte gemeinsam mit einer interessierten Zielgruppe hochwertig zu gestalten. Beispielsweise entwickelte sich in Bad Berneck in Oberfranken die „Schaltzentrale", ein Mix aus Coworking Space, Gewerbezentrum, Werkstätten und Logistikflächen, und wurde zu einem Treffpunkt für die Kreativwirtschaft im Fichtelgebirge. Auch im Bayerischen Wald wollen zwei junge Gründer aus Viechtach in Niederbayern mit ihrem Projekt „Woidhub" zeigen, dass gute Ideen nicht nur in der Großstadt entstehen. Dieser Coworking Space im ländlichen Raum stellt eine Kombination aus Bürogemeinschaft und Zentrale für kreative Start-ups dar und bietet Räumlichkeiten für Tagungen, Schulungen und Ähnliches abseits des Großstadttrummels an. Die Vorzüge der ländlichen Lage werden gezielt vermarket. (1)

> **Sozialwirtschaftliche Initiativen sind mehr als Lückenfüller. Sie ordnen wirtschaftlichen Gewinn dem Gemeinwohlinteresse unter und sind damit auch Protagonistinnen einer anderen Art des Wirtschaftens.**

Coworking Spaces können als Projekte betrachtet werden, die in städtischen wie in ländlichen Räumen zur Realisierung von Aspekten einer Postwachstumsökonomie beitragen können. Das sind die Revitalisierung leer stehender Bausubstanz, die gemeinsame Nutzung von Ressourcen und die Schaffung einer Einkommensquelle. Die Akteurinnen und Akteure, welche die Projekte in der Regel initiieren, sind Privatpersonen, Unternehmer(innen) oder NGOs. Der Anspruch, einen Beitrag zu einer Postwachstumsgesellschaft zu leisten, variiert je nach kommerziellen oder gemeinwohlorientierten Motiven (vgl. S. 66 ff.).

**Gemeinwohlorientierte Modelle**

In der Gemeinwohlökonomie sind insbesondere die neueren Initiativen interessant, die sich über den Erwerb und die Bewirtschaftung von Immobilien oder Flächen eine langfristig stabile Finanzierung »zwischen Markt und Staat« aufbauen können. Dazu gibt es – auch in Anlehnung an internationale Bewegungen – zukunftsweisende Projekte. (2) Im städtischen Raum zählt dazu etwa die ehemalige Samtweberei in einem Krefelder Stadterneuerungsgebiet. (3) Mithilfe von Initialkapital, das von der Montag Stiftung Urbane Räume in Köln eingebracht wurde, konnte das leer stehende Gebäude erworben und umgebaut werden. Es hat sich zu einem Aushängeschild für den Stadtteil mit neuen öffentlichen Funktionen entwickelt. Das Besondere: Die Mieter(innen) der Gewerbeflächen verpflichten sich dazu, pro Quadratmeter eine Arbeitsstunde ins Gemeinwesen des Quartiers zu investieren. Dabei sind bereits spannende Projekte für die Nachbarschaft entstanden.

Gemeinwohlökonomisch orientierte Projekte im ländlich geprägten Raum drehen sich stärker um nachhaltige Gemeindeentwicklung und die Sicherung von Lebensqualität und Versorgung vor Ort. So bewirtschaftet beispielsweise Lipperreihe, eine kleine Gemeinde im Umfeld von Bielefeld, den Dorfladen, wenn sich der letzte private Investor aus der Versorgung zurückzieht. Hier hat sich 2013 ein bürgerschaftlich getragener Verein (LiLi e.V.) gegründet und wurde zum Träger des örtlichen „Nahkauf", um der Bevölkerung vor Ort die Möglichkeit zu erhalten, zu Fuß oder mit dem Fahrrad Alltagseinkäufe zu erledigen. (4)

Bei aller Unterschiedlichkeit verdeutlichen die beiden Beispiele, wie sich durch Gemeinwohlökonomie Perspektiven für ein Gemeinwesen entwickeln. Für solche Projekte braucht es immer engagierte Akteurinnen und Akteure, aber auch geeignete rechtliche, finanzielle und infrastrukturelle Rahmenbedingungen. Besonders wichtig scheint hier der Zugriff auf Boden und Immobilien, weil sich darüber ein ausreichender Gewinn erwirtschaften lässt, der langfristig unabhängig von externen Investor(inn)en oder öffentlichen Subventionen macht. Natürlich muss kritisch angemerkt werden, dass solche sozialwirtschaftlichen Projekte Lücken füllen, die durch den Rückzug von Wohlfahrtsstaat oder Marktakteur(inn)en aus bestimmten Räumen erst entstanden sind. Aber sozialwirtschaftliche Initiativen sind mehr als Lückenfüller. (5) Sie ordnen wirtschaftlichen Gewinn dem Gemeinwohlinteresse unter und sind damit auch Protagonistinnen einer anderen Art des Wirtschaftens.

**Komplementäre Potenziale**

Bei der vergleichenden Analyse von postwachstumsorientiertem Handeln in der Stadt und auf dem Land zeigt sich am Beispiel der solidarischen Landwirtschaft eine klare Komplementarität der Interessen von städtischen und ländlichen Akteur(inn)en. Bei Coworking Spaces und gemeinwohlorientierten Unternehmungen kristallisieren sich die unterschiedlichen und zugleich spezifischen Potenziale ländlich geprägter und städtischer Räume heraus. Teilweise ist es auf dem Land schwieriger, die kritische Masse an Mitstreiter(inne)n oder Nutzer(inne)n bestimmter Projekte zu finden. Dennoch sind hier noch stärker komplementäre Effekte zwischen Stadt und Land möglich. So können Coworking-Ansätze in ländlichen Räumen eine Option für Rückkehrer(innen) sein, sich ein wirtschaftliches Standbein aufzubauen, oder auch für die temporäre Nutzung städtischer Interessent(inn)en, wodurch Wertschöpfung vor Ort generiert wird. Das Besondere der dargestellten Unternehmungen ist die Verbindung von wirtschaftlichen mit gemeinwohlorientierten Interessen. Es sind Initiativen, bei denen sich die Akteurinnen und Akteure nicht nur als Gründerinnen verstehen, sondern auch als Regionalentwickler oder Stadtteilentwickler(innen). Zudem nutzen sie Raumressourcen in Form von Infrastruktur vor Ort wie leer stehende Gebäude oder günstige Flächen, aber auch die Bereitschaft vieler, sich in die Entwicklung vor Ort einzubringen.

Gemeinwohlorientierte Unternehmungen in städtisch geprägten und in ländlichen Räumen entstehen aus unterschiedlichen Bedarfen, doch ist ihnen gemeinsam, dass sie nach langfristigen Perspektiven zwischen Markt und Staat und somit nach innovativen Finanzierungs- und Betreibermodellen und Rechtsformen suchen, um ihre Existenz nachhaltig zu sichern. Ein Erfahrungsaustausch zu ihren sehr spezifischen steuerrechtlichen und förderpolitischen Rahmenbedingungen und gegebenenfalls eine gegenseitige Förderung über Finanzierungsmodelle wie Crowdfunding sollten noch viel stärker in den Blick genommen werden.

**Anmerkungen**
(1) https://impacthub.net/; https://schaltzentrale.bayern/; https://pixeltypen.de
(2) Beispiele aus dem angelsächsischen Raum: Community Development Corporations (USA); Community Enterprises (UK); Community Land Trusts (USA; UK).
(3) https://samtweberviertel.de
(4) www.lili-ev.de
(5) Evers, A. (2008): Hybrid organisations. Background, concept, challenges. In: Osborne, S. P. (Hrsg.): The Third Sector in Europe. Prospects and challenges. Abingdon/New York, S. 279-292.

**Wie macht der Postwachstumsansatz Raum gut?**
a) Boden ist unvermehrbar – Postwachstumshandeln schützt diese einzigartige Ressource und nutzt sie multifunktional.
b) Weil er Raum für Gemeinsinn, Lebensqualität und ein gutes Leben für alle schafft.

**Zu den Autorinnen**
a) Anne Ritzinger, geb. 1977, ist Geographin und arbeitet am Bereich Zentrale Aufgaben der Bayerischen Verwaltung für Ländliche Entwicklung in München. Sie ist außerdem systemische Beraterin und Coachin.
b) Sabine Weck, geb. 1963, ist Stadt- und Raumplanerin und arbeitet am Institut für Landes- und Stadtentwicklungsforschung in Dortmund zu den Themen soziale Kohäsion und lokale Entwicklung.

**Kontakte**
Dr. Anne Ritzinger
Bayerische Verwaltung für Ländliche Entwicklung München
E-Mail anne.ritzinger@bza.bayern.de

Dr. Sabine Weck
ILS – Institut für Landes- und Stadtentwicklungsforschung Dortmund
E-Mail sabine.weck@ils-forschung.de

Planungskulturen im Wandel

# Vom Blumenkübel zur Bürgerbewegung

**Interventionen aus der Zivilgesellschaft brechen historisch verwurzelte Wachstumsorientierungen in der Raumplanung auf. Diese Pionierarbeit ist unerlässlich, damit sich ein Bewusstseinswandel in der Planungskultur vollzieht und ressourcenschonende Raumgestaltung zur Selbstverständlichkeit wird.**

*Von Martina Hülz, Annika Mayer und Martin Sondermann*

Urban Gardening hat mittlerweile das Gesicht unserer Städte verändert: Zivilgesellschaftliche Interventionen wie diese bringen Individualität in den urbanen Lebensraum und machen uns bewusst, dass wir ihn selbst mitgestalten können. Sie regen an, neu zu überlegen, wie wir eigentlich leben wollen, und bringen unterschiedliche Menschen zusammen. Mit diesen Akzenten gestalten Bürger(innen) ihre Quartiere, sei es mit dem Pflanzen von Blumen auf wenigen Quadratmetern um Bäume herum oder auch in größeren Dimensionen mit urbaner Lebensmittelproduktion. Wie passen Stadtplanung und derartige Initiativen zusammen? Können sie gemeinsam gar zu einer postwachstumsorientierten Raumentwicklung beitragen?

Gestalterische und partizipative Ansätze, wie bei Urban-Gardening-Projekten, finden sich durchaus in der klassischen räumlichen Planung wieder. Ihr Ziel ist es schließlich, möglichst überall gleichwertige Lebensbedingungen zu schaffen und zugleich die natürlichen Lebensgrundlagen zu schützen. Die natürlichen, gebauten und sozialen Umwelten sollen dabei nachhaltig entwickelt werden. Wachstumsgrenzen – vor allem was die bauliche (Neu-)Entwicklung betrifft – werden in der Planungspraxis allerdings noch nicht konsequent anerkannt, obwohl die planetaren Grenzen gesteckt und Ressourcen endlich sind (vgl. S. 28 ff.).

Neben diesen Herausforderungen ergeben sich auch neue Möglichkeiten: Die Potenziale einer wachstumskritischen Planung stecken in alternativen, raumbezogenen Initiativen, die es als Pionierbewegungen zu erkennen gilt. Sie sind real gelebte Modelle, die die Chance in sich bergen, zu einem neuen Raumnutzungsverständnis beizutragen, sowohl innerhalb ihrer Initiativen als auch bei anderen Akteur(innen)en in der Planungspraxis. Eine sich anpassende Planung ermöglicht und integriert neue Wege, Modelle und Prozesse postwachstumsorientierter Lebensweisen. Dazu gehören unter anderem urbane Gärten auf Freiflächen und Dächern, die Zwischen- und Nachnutzung leer stehender Gebäude, die Aufstockung von Gebäuden, der Rückbau (statt Ausbau) von Verkehrsflächen sowie die Umwidmung von Pkw-Parkflächen für Fahrradstellplätze. Ebenso die Planung kleinerer Wohneinheiten für weniger Wohnfläche pro Kopf wie auch die Förderung neuer Formen des Zusammenlebens (zum Beispiel gemeinschaftliches Wohnen in Baugruppen) und die Umwandlung alter Industrieareale in neue Wohn-, Freizeit- und Wirtschaftsräume zählen dazu. Diese Beispiele zeigen, dass Räume anders genutzt und mit neuen Funktionen und Bedeutungen belegt werden können, ohne dass weitere Flächen versiegelt und mehr Gebäude gebaut werden müssen.

### Der Sparsamkeit verpflichtet

Die räumliche Planung und ihre gesetzlich verankerten Aufgaben sind durchaus geeignet, um mit den Herausforderungen des ökonomischen, gesellschaftlichen und damit auch baulichen Wachstums umzugehen. Im Baugesetzbuch heißt es: „Mit Grund und Boden soll sparsam und schonend umgegangen werden; dabei sind zur Verringerung der zusätzlichen Inanspruchnahme von Flächen für bauliche Nutzungen die Möglichkeiten der Entwicklung der Gemeinde insbesondere durch Wiedernutzbarmachung von Flächen, Nachverdichtung und andere Maßnahmen zur Innenentwicklung zu nutzen sowie Bodenversiegelungen auf das notwendige Maß zu begrenzen." (1)

Raumbezogene Interventionen aus der Zivilgesellschaft wie die Urban-Gardening- oder die Transition-Town-Bewegung können dazu beitragen, historisch gewachsene Haltungen und Orientierungen der räumlichen Planung aufzubrechen. Zugunsten einer nicht wachstumsorientierten sozialökologischen räumlichen Entwicklung können sie eine neue Planungskultur anstoßen und begleiten.

**Stadt der Gärten**

Welche Impulse können zu einer kooperativen Stadtentwicklung und damit langfristig zu einem Wandel von Planungskultur beitragen? „Ein paar Pflanzkübel sind keine Bürgerbewegung, können aber eine werden." (2) Dies lässt sich am Beispiel von Urban Gardening nachvollziehen. So sind beispielsweise in Hannover mehrere Initiativen und Vereine aktiv, die mit ihren Projekten direkt an die Verwaltung herantreten. Diese zeigt sich vergleichsweise aufgeschlossen und unterstützt die Projekte, beispielsweise mit der Bereitstellung von Grundstücken oder finanziell.

Wieso funktioniert das? Zum einen gibt es eine lebendige Tradition der Gartenkultur, die gemeinsam von staatlichen und nichtstaatlichen Akteur(inn)en getragen wird und Hannover als „Stadt der Gärten" auszeichnet. Zum anderen decken sich die Zielvorstellungen der Akteurinnen und Akteure. Eine gemeinsame Handlungsmaxime hannoverscher Urban-Gardening-Projekte war beispielsweise das Ziel einer nachhaltigen, sozialökologischen Stadtentwicklung. In diesem Sinne werden Gärten, die zugleich als soziale Treffpunkte, Orte der Integration und der lokalen Lebensmittelproduktion dienen, bewusst von der Stadtverwaltung unterstützt.

Beide Seiten haben dabei im Laufe der konkreten Zusammenarbeit voneinander lernen können. So ist den Aktivist(inn)en meist eine möglichst schnelle Realisierung ihrer Ideen wichtig – worauf die Verwaltung reagiert hat, indem sie zentrale Ansprechpartner(innen) für solche Projekte eingesetzt hat, die sich um eine möglichst unbürokratische Umsetzung kümmern. Gleichzeitig ist es die Aufgabe der Verwaltung, darauf zu achten, dass derartige Projekte rechtssicher sind und dem Gemeinwohl dienen. So werden zum Beispiel Umzäunungen von öffentlichen Grünflächen nicht genehmigt, da das eine unerwünschte Privatisierung darstellen würde. Darüber hinaus wird bürgerschaftliches Engagement bei grünen Projekten in Hannover durch eine umfassende Beteiligungskultur unterstützt, sodass die Bürger(innen) bei kommunalen Entscheidungsprozessen beteiligt werden. Gemeinsame Vorstellungen, Ideale und Ziele aller Beteiligten sind eine elementare Voraussetzung dafür, dass einzelne Aktivitäten auch zu langfristigen, verstetigten Kooperationen führen. In Hannover beispielsweise teilten alle Beteiligten die Einstellung, dass räumliche Entwicklung immer mit sozialen und ökologischen Zielen zusammengedacht werden sollte.

Insgesamt ist in Hannover zu erkennen, wie sich beide Seiten im Laufe der Zeit angenähert haben und eine Kultur des Miteinanders entstanden ist. (3) Gärtner(innen) und Stadtverwaltung konnten so gemeinsam dauerhaft neue grüne Orte in der Stadt schaffen, an denen sich Nachbar(inne)n und Vorbeikommende begegnen, gemeinsam gärtnern, selbst Gemüse anbauen und damit ihr Lebensumfeld nicht nur grüner und lebenswerter gestalten, sondern auch neue Kreativität im Umgang mit knappen Ressourcen entfalten. Dadurch können zivilgesellschaftliche Aktivitäten im Raum grundsätzlich zu einem Bewusstseinswandel der Planungskultur beitragen, hin zur Selbstverständlichkeit einer ressourcenschonenden Raumgestaltung. Zivilgesellschaftliche Projekte machen die Umsetzbarkeit einer anderen, zeitgemäßen und wachstumskritischen räumlichen Entwicklung sichtbar und setzen so ihrerseits den staatlichen Planungsauftrag um, für soziale Gerechtigkeit, ökologische Nachhaltigkeit und ganzheitliche Verantwortung im Raum zu sorgen.

### Langsam, aber stetig tut sich was

Insgesamt lässt sich in Deutschland ein Wandel in Richtung kommunikativer und kooperativer Planung beobachten. Dieser Wandel von einer eher technokratisch organisierten Top-down-Planung hin zu offeneren Verfahrensweisen und der Zusammenarbeit von Politik, Verwaltung und Zivilgesellschaft vollzieht sich jedoch langsam und nicht ohne Konflikte. Vor allem aber findet dieser Wandel an jedem Ort und in jedem Handlungsfeld anders statt.

Die Art und Weise, wie geplant wird, wandelt sich schon seit jeher. Räumliche Planung ist und war zu jeder Zeit und an jedem Ort verschieden. Entsprechend der jeweils „vorherrschenden Denk- und Handlungsmuster von Planerinnen und Planern sowie Handlungsroutinen von Planungsinstitutionen" (3) existieren verschiedene lokale und regionale Planungskulturen. Die Beschäftigung mit Planungskulturen ist insofern zentral, weil sie uns hilft zu verstehen, wie sich darin (veränderte) gesellschaftliche Einstellungen, Haltungen und Orientierungen in den Arten und Weisen des Planens widerspiegeln und wie sich durch Anpassungs- und Lernprozesse lokale Planungskulturen ändern. (4)

Generell wandeln sich Planungskulturen nicht radikal, sondern verändern sich nach und nach. Zum einem liegt das daran, dass sie historisch verwurzelt und durch Traditionen geprägt sind. (5) Tradierte und gut eingespielte Denk- und Handlungsweisen ändern sich nicht von heute auf morgen. Die Akteurinnen und Akteure der Planung müssen ihre Konzepte und Instrumente immer wieder neuen gesellschaftlichen und politischen Rahmenbedingungen anpassen und sollten dabei auch neue Ideen und gute Ansätze aus anderen Städten, Regionen und Ländern aufgreifen.

**Möglichkeitsfenster nutzen**

Ein Wandel vollzieht sich immer dann, wenn bisherige Sichtweisen – wie die Wachstumsorientierung in Wirtschaft, Gesellschaft und Planung – kritisch infrage gestellt werden. Zudem bedarf es praktisch umsetzbarer Alternativen und Ideen für ein nachhaltiges, nicht wachstumsorientiertes Wirtschaften. Erst wenn durch viele kleine Einzelprojekte und zivilgesellschaftliches Engagement eine Bewegung entsteht, können sich transformative Kräfte entfalten. Wenn diese mit gesellschaftlichem und politischem Diskurs korrespondieren, also gewissermaßen mehrheitsfähig sind, gibt es Möglichkeitsfenster für einen tief greifenden Wandel. Aktuell erfährt etwa der bereits seit Jahrzehnten in Fachkreisen diskutierte Klimawandel eine enorme gesellschaftliche und mediale Aufmerksamkeit. Aus vielen einzelnen Bewegungen – von klassischen Umweltschützer(inne)n bis hin zu Fridays for Future – entsteht eine große. Der politische Handlungsdruck erhöht sich dadurch. Entsprechend lassen sich dann auch andere ökologische und postwachstumsorientierte Ideen und Projekte innerhalb dieses politisch-gesellschaftlichen Diskurses leichter realisieren. Wenn Sie also das nächste Mal durch Ihre Stadt laufen und von Bürger(inne)n bepflanzte Blumenkübel, Beete und begrünte Brachen sehen, dann wissen Sie: Hier findet ein Wandel im Umgang mit unserem Lebensraum statt. Diese Grünräume zeugen von einer couragierten Zivilgesellschaft und Planungsakteur(inn)en, die ihren Job verstanden haben: ▬

**Anmerkungen**

(1) §1a (1) Baugesetzbuch in der Fassung der Bekanntmachung vom 3. November 2017 (BGBl. I, S. 3634).
(2) Anonymisiertes Interview im Rahmen der Dissertation von Martin Sondermann „Planungskulturen kooperativer Stadtgrünentwicklung" mit einer Vertreterin/einem Vertreter der Stadtverwaltung Hannovers.
(3) Othengrafen, F./Reimer, M. (2018): ARL – Akademie für Raumforschung und Landesplanung (Hrsg.) (2018): Handwörterbuch der Stadt- und Raumentwicklung. Hannover, S. 1733-1739.
(4) Sondermann, M. (2015): Zivilgesellschaftliches Engagement und die kulturelle Dimension kooperativer Stadtgrünentwicklung am Beispiel Hannovers. In: Neues Archiv für Niedersachsen (1), S. 98-111.
(5) Othengrafen, F./Reimer, M./Sondermann, M. (2015): Städtische Planungskulturen im Wandel? In: Othengrafen, F./Sondermann, M. (Hrsg.): Städtische Planungskulturen im Spiegel von Konflikten, Protesten und Initiativen. In: Planungsrundschau (23), S. 357-377.

**Wie macht der Postwachstumsansatz Raum gut?**
a) Indem er dem Raum wieder Raum lässt.
b) Indem er es uns wieder ermöglicht, Raum als Gemeingut und nicht als Wirtschaftsgut zu begreifen.
c) Indem er die Grenzen des Wachstums anerkennt.

**Zu den Autor(inn)en**
a) Martina Hülz, geb. 1976, leitet das wissenschaftliche Referat „Wirtschaft und Mobilität" der ARL und betreut den Arbeitskreis Postwachstumsökonomien.
b) Annika Mayer, geb. 1983, ist Diplom-Informationswirtin, urbane Gärtnerin und Künstlerin. Sie analysiert mediale und gesellschaftliche Trends aus holistischen und alternativen Perspektiven heraus.
c) Martin Sondermann, geb. 1983, leitet das wissenschaftliche Referat „Gesellschaft und Kultur" der ARL. Er promovierte zu Planungskulturen kooperativer Stadtgrünentwicklung.

**Kontakte**
Akademie für Raumentwicklung in der Leibniz-Gemeinschaft (ARL)

Dr. Martina Hülz
E-Mail huelz@arl-net.de
Annika Mayer
E-Mail mayer@arl-net.de
Dr. Martin Sondermann
E-Mail sondermann@arl-net.de

Lokale Orte als Brückenelement für die Transformation

# Das Versprechen der Nische

**Nischenprojekte wie Offene Werkstätten und Repair-Cafés gelten als Hoffnungsträger. Dabei lassen sie sich nicht so einfach reproduzieren. Für ein echtes Verständnis wachstumskritischer Transformationsprozesse muss das Zusammenwirken unterschiedlicher Kontexte und Raumformen in den Fokus rücken.**

*Von Bastian Lange*

In der Debatte um Postwachstum geht es in jüngster Zeit nicht nur um stoffstromliche Reduzierungen, ressourcenschonende Lebens- und Konsummuster und $CO_2$-Minderungen, sondern vermehrt auch um kleine lokale Nischenprojekte. Orte wie Offene Werkstätten, Repair-Cafés, Makerspaces, FabLabs, kreative Laboratorien und andere alternative Transformationsräume sollen als Nischenphänomene Teil eines großen Transformationsversprechens sein. (1) Denn nicht nur ein kleiner selektiver geographischer Raum wird durch solche Orte transformiert, sondern von da aus werden die großen stoffstromlichen Wirkungszusammenhänge positiv verändert, so lautet das Versprechen. In den letzten Jahren hatten derartige Transformationsorte einen großen Zulauf.

Es besteht die Hoffnung, dass ausgehend von diesen Orten neue soziale Bewegungen im Verbund mit ressourcenschonenden Produktions- und Konsummustern ihren Lauf nehmen. Viele erhoffen sich eine höhere Wirkungsreichweite mit den entsprechenden Nachhaltigkeitseffekten. Ministerien wie das Bundesministerium für Bildung und Forschung investieren in deren Förderung und Kommunalpolitiker(innen) setzen sich für die Stärkung des Ehrenamts, lokale Klimabündnisse und Reallabore ein. Sie richten neugierig den Blick auf diese Keimzellen und fragen sich, wie derartige Initiativen weiter wirksam werden könnten.

Betrachtet man diese Nischenphänomene, zeigen sich unterschiedliche Geographien. Es ist interessant zu untersuchen, mit welchen Raumbegriffen und -konzepten die aktuellen Debatten um Postwachstumsökonomien operieren und inwiefern sie Hinweise darauf geben können, lokale Phänomene jenseits ihrer lokalen Verwurzelung in einen übergeordneten Kontext zu stellen.

**Transitionsräume und Brückenelemente**

Unter dem Begriff Transitionsgeographien (2) werden Übergänge zwischen lokalen Einzelinitiativen und ihren Transitionsphasen aus einer geographischen Sichtweise analysiert. Das bedeutet, Nischenorte als Transitionsräume anzusprechen, in denen ressourcenschonende Praktiken erprobt, getestet, entwickelt und in Enthusiast(in-n)engemeinschaften verfasst sowie in Gruppen verhandelt werden. Verbunden mit anderen global verstreuten, gleichgesinnten Initiativen entstehen dann anschlussfähige Kopplungs- und Kooperationsangebote für die »gleiche Sache«, eben Brückenelemente zwischen Gruppen, die alltägliches Handeln als eine Form des politischen Wirkens begreifen.

Betrachtet man die Nische nicht als Containerort, sondern als Kontinuum von handelnden Akteur(inn)en, dann wird klar, dass Nischenphänomene mehr sind als ein einfaches singuläres Ortsphänomen. Es sind kontingente, globale „Graswurzel-Innovationsbewegungen". Bis dato haben EU- und Ministerienvertreter(innen) kleine Projektorte und Nischenphänomene wie Offene Werkstätten, Repair-Cafés und FabLabs ambivalent rezipiert. Zum einen werden einzelne Orte mit hohen Erwartungen belegt und vom Einzelfall große Wirkungszusammenhänge erwartet. Erklärungsleitend sind dann Modelle, die mit relativ starren Maßstabsebenen von „lokal" und „global" argumentieren. Die Nische wirkt demzufolge in die Stoffkreisläufe auf anderen Maßstabsebenen ein und transformiert diese.

Ferner hat die Politik noch nicht erkannt, dass die nischenartigen Keimzellen für die Akteure und Macherinnen einen alltagsrelevanten Bezugspunkt darstellen. An diesen Orten wird etwas Konkretes, materiell Relevantes und als richtig Bewertetes praktiziert: Recycling, Upcycling und Re-Use sind gute Beispiele und verbinden sich mit einzelnen Transitionsnarrativen, etwa dem der Wiederverwendung von Gebrauchsgütern im lokalen Nahraum.

**Raumkonzepte und gesellschaftlicher Wandel**
Raumbezogene Konzepte wie Maßstab, Netzwerk, Territorium und Ort haben neben anderen Begriffen wie Terrain, Landschaft oder Grenze eine lange Tradition in der raumwissenschaftlichen Forschung. Erstere werden von verschiedenen Autor(inn)en als grundlegende Raumkonzepte angeführt, da sie für je unterschiedliche Eigenlogiken stehen, etwa wie Raum in sozialer Praxis hervorgebracht wird und sich betrachten lässt. In Abkehr von fixierten, vermeidlich vorgefertigten und final gemachten Räumen richten viele Raumforscher(innen) den Blick auf die Art und Weise, wie Raum und Raumbezüge sozial produziert und gefasst werden können.

Der Produktionsaspekt ist auch für die Transformations- und Postwachstumsforschung von großer Bedeutung. Beispielsweise nimmt die Frage der Skalierung zivilgesellschaftlicher Initiativen eine zentrale Stellung in aktuellen Debatten um Postwachstum ein. Skalierung wird dabei als ein Prozess verstanden, der unterschiedliche Reichweiten, Relevanzen, Professionalisierungsgrade oder Institutionalisierungen erfasst und sich anhand von konkreten Praktiken manifestiert.

Ganz wesentlich steht die Frage im Vordergrund, wie kleine, vor Ort beobachtbare lokale Praktiken auf einer globalen (Welt-)Ebene Relevanz entfalten können. Seit mehreren Jahren wird darauf hingewiesen, dass diese oft unhinterfragte Zwei-Welten-Lehre zwischen lokal und global nicht in der Lage ist, Fragen der Unterscheidung zwischen bottom-up (lokal auf global) und top-down (global auf lokal) zu beantworten. Die Gleichzeitigkeit der Prozesse, wenn beispielsweise lokale NGOs und nationalstaatliche Regierungsverbände (G8 oder G20) im Grunde genommen gleiche oder ähnliche Ziele (mit zweifelsohne unterschiedlichen Maßnahmen) verfolgen, schwächt die Erklärungsleistung dieser strikten Zwei-Welten-Gegenüberstellungen. Konzeptionelle Alternativen stellen seit einiger Zeit nicht hierarchisierende Beschreibungen und Erklärungsangebote dar. Ganz wesentlich haben zudem subjektorientierte und skalenkritische Perspektiven neue Sichtweisen auf die etablierten Transitionsansätze von der lokalen Nische in den globalen Mainstream eröffnet.

Ein Beispiel hierfür sind die Entwicklungen um Offene Werkstätten. (3) Während überregionale Organisationen wie der Verbund Offener Werkstätten (VOW) und Onlineplattformen eine wichtige Rolle für die Verbreitung Offener Werkstätten spielen, sind die eigentlichen Orte stark mit bestimmten Bedeutungen aufgeladen, durch Gemeinschaften geprägt sowie meist temporär verfasst. Sie sind nicht nur thematisch und organisatorisch unterschiedlich, sondern durch ihren räumlichen Kontext sodann geographisch divers. Da sich Kontexte – ebenso wie das Vertrauen in Peer-Netzwerke – nur schwer räumlich austauschen und gewissermaßen »verpflanzen« lassen, sind derartige Keimzellen auch nicht einfach beliebig erweiter- und replizierbar, das heißt skalierbar. Somit ist auch das Zusammenwirken unterschiedlicher Kontexte und Raumformen, die sich in Gestalt von Ortsbezügen und Netzwerken artikulieren, eine wichtige Voraussetzung, um Transformationsprozesse und -potenziale zu verstehen.

> **Betrachtet man die Nische nicht als Containerort, sondern als Kontinuum von handelnden Akteur(inn)en, dann wird klar, dass Nischenphänomene mehr sind als ein einfaches singuläres Ortsphänomen.**

Hier verschränkt sich die erklärend-beschreibende geographische Perspektive mit der normativ-gesellschaftspolitischen Erwartung: Politik und Verwaltung haben es sich zur Aufgabe gemacht, derartige Keimzellen zu befördern und zu stärken.
Dabei dominierten lange Zeit Bilder und Imaginationen, dass sich Nischen in den Mainstream über die geographische Maßstabsebene hinweg weiterentwickeln und Wirksamkeit entfalten. Oftmals haben unhinterfragte und nicht explizierte Raumzuschreibungen die Debatte bestimmt. Dies führt mitunter zu überzogenen Erwartungen hinsichtlich der Wirksamkeit von Nischenphänomenen, wenn diese beispielsweise aus ihrer lokal-regionalen lebensweltlichen Orientierung Aufwertungsprozes-

se anstreben oder anstreben sollen. Ähnliches gilt für Regionalisierungsprozesse, wenn es durch die subjektive Sicht unterschiedlicher Akteurinnen und Akteure auf das Territorium zu unterschiedlichen Wahrnehmungen eines regionalisierten Handlungsraums kommt.

## Nachhaltige Raumkonzepte

Existierende Raumkonzepte wie Mehrebenen-Governance (4) und ihre Maßstabsebenen sind kritischer als bislang zu prüfen. Alternativ sollte man postwachstumsorientierte Praktiken im Kontext sozialökologischer Wandlungsprozesse betrachten. (5) Marston und Jones fassen zentrale Schwächen hierarchisch-vertikaler Maßstabskonzepte zusammen, indem sie insbesondere auf die epistemologischen Fallstricke verweisen, wenn das Konzept „lokaler-globaler" Maßstabsebenen als quasi natürliche Analyseeinheit Verwendung findet, was das eigentliche Objekt der Beobachtung verstellt. Gerade subjektorientierte und skalenkritische Perspektiven erweitern die dominante Mehrebene sowie die transitionstheoretischen Ansätze.

Transitionsorte in Nischen erhalten somit die analytische und gleichwohl realweltliche Funktion, als strukturierendes Bindeglied und Brückenkonzept eigene Bezugs- und Maßstabsräume für ihr Handeln zu demonstrieren. In gewissermaßen flachen und horizontalen Beziehungen zu anderen Nischen stellen sie somit translokale Handlungsräume dar. Die Mannigfaltigkeit dieser Nischenphänomene stresst nationalstaatliche Akteurinnen und Akteure und vermeintlich einfache und schnell umsetzbare Handlungsvorhaben: Die vielen Transitionsgeographien (2) zeigen einen Formenreichtum von subjektiv gemachten räumlichen Bezugs- und Handlungsrahmen. Im Zuge dieser Transitionsgeographien müssen Wege zu einem Mehr an Nachhaltigkeit neu gedacht werden. Nationalstaaten und EU-Körperschaften müssen neue Beziehungsräume um diese Nischen beschreiben. Das können Raumkonzepte sein, die aus einerseits lokalisierten (z. B. einem offenen Werkstattraum) und andererseits nicht lokalisierten Ereignisbeziehungen (Erderwärmung) bestehen, die als Ereignisräume produktiv sind und die die dominante Darstellung von (Maßstabs-)Hierarchien zu vermeiden wissen.

Lokale Räume, wie die Nischenphänomene von Postwachstumsprozessen, sind somit in ihrer Handlungslogik immer unvollständig integrierte soziale Orte. Sie entfalten ihre Wirksamkeit immer erst durch Relation (Beziehungsbrücken) zu Themen, Materialisierungen (z. B. bestimmten Gewerken) und sozialen Kollektiven (z. B. urbanen Bewegungen), die an ähnlichen Bewältigungsszenarien sozioökonomischer, urbaner und ökologischer Krisen wirken. Die Nischen sind dabei nicht als insulare, abgeschottete Containerorte, sondern in Relation zu lokalen oder globalen Besonderheiten zu verstehen.

**Anmerkungen**
(1) Lange, B./Bürkner, H.-J. (2018): Flexible value creation: Conceptual prerequisites and empirical explorations in open workshops. In: Geoforum (88), S. 96-104.
(2) Smith, A./Voß, J.-P./Grin, J. (2010): Innovation studies and sustainability transitions: The allure of the multi-level perspective and its challenges. In: Research and Policy (39), S. 435-448.
(3) Lange, B./Domann, V. (2018): Aus der Nische in die Welt? Lokalität, Kopräsenz und widerstreitende Transitionsgeographien bei offenen Werkstätten. In: Berichte. Geographie und Landeskunde (92/1), S. 47-64.
(4) Mehrebenen-Governance ist ein Begriff, der Formen der Partnerschaft, Verflechtungen mehrerer politischer Ebenen und auf Konsens ausgerichtete Entscheidungsfindung in der Europäischen Union aufzeigt. (Vgl. Piattoni, S. (2010): The Theory of Multi-level Governance, Oxford.)
(5) Marston, S./Jones, J. P./Woodward, K. (2005): Human geography without scale. In: Transactions of the Institute of British Geographers (30/4), S. 416-432.

**Wie macht der Postwachstumsansatz Raum gut?**
Weniger ist mehr. Kleine und einfache Räume tun gut. Dann bleibt auch mehr Raum für die anderen.

**Zum Autor**
Bastian Lange, geb. 1970, ist Privatdozent an der Universität Leipzig. Zuvor lehrte er als Gastprofessor an der Humboldt-Universität zu Berlin sowie der Universität Vechta. 2008 gründete er das Forschungs- und Beratungsbüro Multiplicities mit Sitz in Berlin.

**Kontakt**
Dr. Bastian Lange
Universität Leipzig
E-Mail bastian.lange@uni-leipzig.de

# INKUBATIONSRÄUME

Der Postwachstumsansatz fordert die Abschaffung nicht nachhaltiger Raumstrukturen, etwa im Mobilitätssektor. Kritisch muss er allerdings auch gegenüber den eigenen Methoden und ungleichen Verhältnissen im Globalen Norden und Globalen Süden bleiben. – Wie wird das Postwachstumsparadigma auch im Globalen Süden anschlussfähig? Was gibt es an „Skalierung" und „Impactmaximierung" auszusetzen? Wie lässt sich die Logik etablierter Planungsprozesse durchbrechen?

Impact und Skalierung in der Transformationsdebatte

# Alte Muster aufbrechen

**Wachstumskritische Perspektiven müssen nicht nur die problematischen Zielsetzungen kapitalistischer Wirtschaft und Politik hinterfragen, sondern auch alternative Ansätze durchleuchten. Geläufige sozialökologische Bewertungsmethoden sind nicht unbedingt mit Postwachstum vereinbar.**

*Von Benedikt Schmid*

―――― Es gibt viele Gründe, Wachstum kritisch zu betrachten (vgl. S. 28 ff. und S. 41 ff.). Ein Blick auf die materiellen Auswirkungen von Wirtschaftswachstum sowie darauf, was durch einschlägige Kenngrößen wie das Bruttoinlandsprodukt (BIP) gemessen wird, erfordert eine Reflexion der Folgen und Risiken der Wachstumsfixierung durch Politik und Wirtschaft sowie die Hinwendung zu Alternativen. Postwachstum rückt jedoch nicht nur die Frage, was wachsen soll, in den Mittelpunkt, sondern bedingt auch eine Abkehr von linearen und eindimensionalen Vorstellungen von Wachstum und Fortschritt. Der klassische Wachstumsbegriff, im Sinne einer immerwährenden Progression zu einem Mehr an Wirtschaftsleistung und materiellem Wohlstand, ist tief in modernen Denk- und Handlungsmustern verankert.

Es ist nötig, Ansätze kritisch zu beleuchten, die zwar (zu Recht) Wachstum um des Wachstums willen – beziehungsweise Wirtschaften um des Profits willen – in ihren

Zielsetzungen infrage stellen, jedoch nicht in ihren Methoden. Im Zentrum stehen dabei die Begriffe „Impact" (Auswirkung) und „Skalierung", die (auch hier zu Recht) versuchen, eine möglichst effiziente Veränderung bestehender Verhältnisse herbeizuführen.

Impact und Skalierung sind und bleiben tief in der Wachstums- und Fortschrittslogik verankert. Das soll keine Fortschrittskritik an sich sein, doch es braucht eine Diagnose, wie auf Impact und Skalierung basierende Ansätze letztlich die Probleme reproduzieren, die aus Postwachstumsperspektive überwunden werden sollen. Erst vor dem Hintergrund einer kritischen Reflexion, so die Schlussfolgerung, lassen sich die positiven Grundtendenzen von Impact und Skalierung für eine emanzipatorische Praxis fruchtbar machen.

## Drei Thesen zu Wachstum und Fortschritt

Wachstums- und Fortschrittsdenken ist tief in moderne Gesellschaften eingeschrieben und geht über die Fixierung auf Wirtschaftswachstum hinaus. Nehmen wir uns ein fiktives Sozialunternehmen, „SmarTrans" zum Beispiel. SmarTrans möchte zum Wandel von einer wachstums- hin zu einer gemeinwohlorientierten Wirtschaft beitragen. Dazu versucht SmarTrans fair produzierte, langlebige und reparierbare Elektroprodukte auf den Markt zu bringen. Um den gewünschten Wandel herbeizuführen, zielt das Sozialunternehmen darauf ab, möglichst schnell den Anteil nachhaltiger Elektroprodukte zu erhöhen.

Während SmarTrans damit sinnvoll zu einer Transformation der Wirtschaft beiträgt, birgt seine Effizienzorientierung auch Gefahren. Der Fokus von SmarTrans, einen möglichst großen Einfluss auf den Elektromarkt auszuüben, führt dazu, dass sich das Unternehmen in einen Wettbewerb begibt, in dem Aspekte vernachlässigt werden, die nicht unmittelbar zweckdienlich sind. Haben die Produkte von SmarTrans beispielsweise einen sozialen oder ökologischen Nutzen? Wem kommen sie zugute und wer entscheidet über Produktion und Verteilung? Gibt es sinnvolle alternative Wege? Aus diesen Überlegungen lassen sich drei Thesen ableiten, die die mit Fortschritts- und Wachstumsdenken verbundenen Probleme aufzeigen.

◻ **These 1:** Fortschritt wird in der Regel eindimensional gedacht und impliziert ein Ideal, auf das hin soziale Praxis (effizient) ausgerichtet werden soll. Aus diesem

Ideal werden Kriterien abgeleitet, die sozialen Fortschritt messbar und damit überprüfbar machen sollen (wie etwa Marktanteile oder das BIP). Man könnte sagen, es gibt ein Abstraktionsproblem.

▢ *These 2:* Demokratische Entscheidungsprozesse brauchen Zeit für Reflexion und Auseinandersetzung. Wird kontinuierliches Fortschreiten beziehungsweise Wachstum (als gemessener Fortschritt) zum Ziel, wird Innehalten als Stagnation oder gar Rückschritt wahrgenommen. Die Folge ist ein Mangel an Zeit für eine Neuorientierung.

▢ *These 3:* Fortschrittsdenken neigt dazu, das Sollen aus dem Sein abzuleiten, ohne die gegenwärtigen Machtverhältnisse grundlegend zu überprüfen. Analog zu These zwei herrscht ein Mangel an praktischen und gedanklichen (Möglichkeits-)Räumen für eine Neuorientierung.

Im Folgenden dienen die drei Thesen – Abstraktionsproblem, Zeit- sowie Raummangel – dazu, Skalierung und Impact kritisch zu hinterfragen und neu auszurichten.

### Effizienzgedanke im Impact-Ansatz

Impact ist aus dem Englischen entlehnt und beschreibt ursprünglich die Krafteinwirkung als Folge einer Kollision. Im übertragenen Sinne wird darunter im Kontext von sozialökologischen Unternehmen die unmittelbare Auswirkung sozial und ökologisch ausgerichteter Praxis verstanden. Damit ist also der positive Impact gemeint, den die Entscheidungen und Praktiken ebendieser Unternehmen haben. Im Kern steht Impact im engen Zusammenhang mit dem Effizienzgedanken und damit, möglichst starke (messbare) Auswirkungen zu erzeugen. So ist von „social impact", „impact labs" oder „impact investment" die Rede. Der diesen Ansätzen zugrunde liegende Fokus auf Impact wirft einige Probleme auf, die sich aus obiger Kritik an Wachstum und Fortschritt ergeben: Messbarkeit, Unmittelbarkeit und Eindimensionalität.

Ist der positive Impact einer Organisation handlungsleitend, braucht es Indikatoren, die diesen messen. Entscheidungen werden dann nicht im Sinne einer Gewinnmaximierung, sondern einer Impactmaximierung getroffen. Messbarkeit bedeutet jedoch, die Komplexität sozialökologischer Verhältnisse für einen bestimmten Zweck zu vereinfachen. Qualitative Aspekte, die nicht angemessen erfasst werden, geraten so aus dem Blick, beispielsweise die Bedeutung von SmarTrans' Produkten für intakte soziale und ökologische Verhältnisse.

> **Skalierung und Impact beruhen auf zeitlichen und räumlichen Vorstellungen, die tief in das bestehende Wachstums- und Fortschrittsdenken eingeschrieben sind und selbst in postwachstumsorientierte Projekte und Praktiken hineinwirken.**

Impact bedingt zudem eine Unmittelbarkeit positiver Auswirkungen und unterliegt daher der gleichen temporären Logik wie ein kurzfristiges unternehmerisches Gewinnkalkül. Lang angelegte Strategien, die auf grundlegende Veränderungen abzielen, finden hier nur bedingt Platz. Es werden daher eher direkt lösbare soziale und ökologische Probleme adressiert, als die komplexen Verhältnisse an sich zu hinterfragen, die hinter diesen Problemen stehen. Im sogenannten „impact investment" beispielsweise wird Investitionen in nachhaltige Projekte transformatives Potenzial zugeschrieben, ohne die dadurch fortbestehenden Machtverhältnisse selbst anzufechten.

**Problematisches Hochskalieren**
Während Impact vorrangig auf die (positiven) Auswirkungen einzelner Organisationen verweist, wird in der Transformationsdebatte auch von (Hoch-)Skalieren („Upscaling") gesprochen, um der Idee Ausdruck zu verleihen, dass Organisationen und Projekte auf eine breitere (institutionelle) Basis gestellt werden sollen. Skalierung basiert folglich auf der Vorstellung, dass innovative und transformative Formate quantitativ an Einfluss gewinnen, was oft im Zusammenhang mit der Notwendigkeit einer stärkeren Institutionalisierung gesehen wird (wie beispielsweise in überregionalen Dachverbänden oder politischen Institutionen). Im Sinne der oben angeführten Kritik lassen sich hier ebenso drei Probleme ausmachen.
Skalierungsdenken vernachlässigt die grundlegende Bedeutung qualitativer Aspekte für Postwachstumsökonomien, wie beispielsweise Vertrauen, die sich nicht

einfach größer dimensionieren lassen. Des Weiteren vernachlässigt der Fokus auf Skalierung die Bedeutung konkreter Kontexte, in denen transformative Praxis stattfindet. Diese ist Ausdruck von partizipativen und oft zeitintensiven Prozessen kollektiver Entscheidungsfindung, die sich nicht ohne Weiteres überspringen oder übertragen lassen. Zuletzt führt Skalierungsdenken oft zur Ansicht, dass Transformation nur durch großräumig angelegte Strukturen erfolgen kann. Selbstorganisation und Autonomie werden dann als nachgeordnet betrachtet.

**Für eine kritische Wende**

Skalierung und Impact beruhen auf zeitlichen und räumlichen Vorstellungen, die tief in das bestehende Wachstums- und Fortschrittsdenken eingeschrieben sind und selbst in postwachstumsorientierte Projekte und Praktiken hineinwirken. Zeit wird als linear und progressiv verstanden, während Raum von konkreten und qualitativen Kontexten abstrahiert wird.

Angesichts der gegenwärtigen Ungerechtigkeiten und der Dringlichkeit einer radikalen Veränderung wäre es jedoch unangebracht, die effizienz- und wachstumsorientierten Impulse von Impact und Skalierung gänzlich zu vernachlässigen. – Ist eine kritische Wendung möglich?

◻ *Abstraktionsproblem:* Abstrakter Raum und abstrakte Zeit sind Grundlagen kapitalistischer Gesellschaftsverhältnisse. Die Akkumulation von Kapital als Selbstzweck lässt sich nur im Kontext einer immerwährenden Progression verstehen, in der Wachstum (als Fortschritt) das Ziel ist. Da Kapitalakkumulation Bedürfnisse von den konkreten Bedingungen abstrahiert, ist deren Fortbestehen davon abhängig, dass der Abstraktionsprozess selbst unhinterfragt bleibt. Impact und Skalierung dürfen daher nicht auf messbare Größen verengt werden, sondern müssen qualitativen und kontextbezogenen Momenten grundlegende Bedeutung beimessen.

◻ *Mangel an Zeit:* Der Fokus auf unmittelbare Resultate und Skaleneffekte darf nicht zulasten einer fortwährenden Reflexivität gehen. Phasen der ergebnisorientierten Praxis müssen folglich immer wieder von Phasen unterbrochen werden, in denen sowohl die Ergebnisse als auch die Orientierung kritisch hinterfragt werden. Nur wenn ein Teil der Zeit von Verwertungsinteressen – seien es die des Kapitals oder anderer Zielsetzungen – freigemacht wird, entsteht wichtiger Raum für Reflexion, Kontemplation und Experimente.

▫ *Mangel an Möglichkeitsräumen:* Ebenso wenig darf die Ergebnisorientierung der genannten Ansätze zulasten von Diversität gehen. Zielgerichtete Praxis muss daher immer Raum für Pluralität gewähren und von einem einheitlichen (effektivsten) Weg Abstand nehmen. Analog zur zeitlichen Perspektive muss auch ein Teil des Raumes von Verwertungsinteressen freigemacht werden, um konkrete und gelebte Räume zu ermöglichen.

Ebenso wie wachstumskritische Perspektiven die problematischen Zielsetzungen kapitalistischer Wirtschaft und Politik hinterfragen müssen, sind auch die Wege und Methoden alternativer Ansätze kritisch zu durchleuchten. Ziel- und effizienzorientierte Ansätze setzen bedeutende Impulse im Kontext einer Postwachstumstransformation. Wichtig ist jedoch, dass diese kritisch und reflexiv begleitet werden, um Formen der Vereinnahmung und Instrumentalisierung vorzubeugen und abzuwenden. ▬

**Wie macht der Postwachstumsansatz Raum gut?**
Indem Postwachstum einen ehrlichen Blick in die Welt wirft und Prioritäten neu sortiert.

**Zum Autor**
Benedikt Schmid, geb. 1988, promovierte in Geographie und ist derzeit wiss. Mitarbeiter am Lehrstuhl für Geographie des Globalen Wandels an der Universität Freiburg. Er untersucht die Rolle zivilgesellschaftlicher Initiativen und sozialökologischer Unternehmen in Transformationsprozessen hin zu nachhaltigen und wachstumsunabhängigen Wirtschaftsformen.

**Kontakt**
Dr. Benedikt Schmid
Universität Freiburg
E-Mail
benedikt.schmid@geographie.uni-freiburg.de

Zur Rolle der Sharing Economy in Postwachstumsansätzen

# Über die Ambivalenz des Teilens

**Egal ob Kleidung, Fahrzeug oder Gemüsebeet: Teilen liegt im Trend. Doch längst nicht alle Sharingangebote tragen zu ökologischer und sozialer Nachhaltigkeit bei. Kommerzielle und gemeinwohlorientierte Formen des Teilens stehen sich diametral gegenüber.**

*Von Christian Schulz*

Oftmals euphorisch werden neue Formen des Teilens als wichtiges Element nachhaltigerer Lebensstile gepriesen. Beflügelt durch die niederschwelligen Möglichkeiten App-basierter Plattformen und die Verbreitung über soziale Medien wird die Sharing Economy geradezu als neue Kulturtechnik – nicht nur der Millenials – gefeiert. Der damit verknüpften Hoffnung auf ressourcenschonendere Konsummuster steht jedoch eine wachsende Skepsis hinsichtlich der tatsächlichen Effekte gegenüber. Eine Ambivalenz, der nachgegangen werden muss.

Die jüngere und kontroverse Debatte über die Leihnutzung von Elektrorollern in zahlreichen Großstädten soll als Beispiel für die sehr unterschiedlichen Gesichter der Sharing Economy dienen: Ursprünglich gedacht als gemeinschaftliche und damit ressourcenschonende Nutzung beziehungsweise Herstellung von Produkten und Dienstleistungen, reicht das Spektrum heute von der informellen nachbarschaftlichen Zusammenarbeit (z.B. Kinderbetreuung, Gemeinschaftsnutzgärten) über zivilgesellschaftlich organisierte Initiativen (z.B. Tauschringe für Werkzeuge und Haushaltsgeräte, Foodsharing, Offene Werkstätten) bis hin zu eben jenen marktorientierten Spielarten kommerzieller Anbieter (z.B. Ferienwohnungen oder Fahrzeuge). Letztere können auch als „Pseudo-Sharing" (1) bezeichnet werden, da es sich bei näherer Betrachtung eher um herkömmliche Leihsysteme wie im Fall des Elektrorollers handelt oder gar um Versuche, bisher gemeinschaftlich organisierte und nicht profitorientierte Formen des Teilens zu kommodifizieren, also zu marktfähigen Produkten zu machen (vgl. S. 100 ff.). Da die materiellen Renditeerwartungen der Betreiber(innen) dieser Plattformen offenkundig weit über den Motiven des Teilens und Ressourcensparens stehen, können jene Aktivitäten durchaus als Teil des allgemeinen Plattformkapitalismus (2) verstanden werden.

In bestimmten Fällen wird die Umweltschutzorientierung des Teilens sogar konterkariert, etwa wenn Billigfahrräder mit kurzer Lebensdauer schon bald verschrottet werden oder wenn niederschwelliges Carsharing in Städten mitunter zusätzlichen motorisierten Individualverkehr über Kurzdistanzen erzeugt. Es ist also Vorsicht geboten, je nachdem, welche Form der Sharing Economy gemeint ist.

### Ökologische und soziale Dimensionen des Teilens

Neben ökologischen Aspekten, also der Einsparung von Energie und materiellen Ressourcen, wird der Sharing Economy gemeinhin auch eine soziale Nachhaltigkeitsdimension unterstellt. Angenommen wird, dass die gemeinschaftlichen Organisationsformen der sogenannten Kollaborativen Ökonomie, wie die Sharing Economy vor allem in der EU-Politik auch genannt wird, einen sozial integrativen Effekt hätten. Dies mag nachvollziehbar sein im Bereich nicht kommerziell organisierten Teilens zum Beispiel beim lokalen Carsharing oder der gemeinsamen Bewirtschaftung neuer urbaner Commons wie Stadtgärten, solidarische Landwirtschaft (SoLaWi) und Coworking Spaces. Hier stiften soziale Interaktion und partizipative Entscheidungsprozesse Gemeinsinn durch Zusammenarbeit und geteilte Verantwortung.

Weitaus weniger erwartbar sind diese Effekte jedoch im Bereich kommerzieller Sharingangebote, bei denen Nutzer(innen) allenfalls indirekt mit dem Gedanken des Teilens und der partizipierenden Gemeinschaft in Kontakt kommen. Im Gegenteil werden nur wenige Nutzende Verantwortung für das genutzte Gut oder eine besondere Sorgfaltspflicht im Umgang mit den massenhaft vorgehaltenen Leihrädern oder Elektrorollern verspüren. Es mehren sich daher die Stimmen, die in Teilplattformen eher einen Treiber für egoistisches Verhalten sehen als für die Schaffung von

Gemeinsinn. Viele Plattformmodelle lassen zudem gewisse Lock-in-Effekte erwarten, wenn aus Gewohnheit oder Bequemlichkeit unreflektiert auf zentrale Anbieter zurückgegriffen wird, bei denen man einst ein Nutzerkonto angelegt hatte.

**Konsumieren, aber auch selbst produzieren**
Trotz dieser Einschränkungen spielen Konzepte des Teilens eine wichtige Rolle in der Debatte um postwachstumsorientierte Alternativen zu gegenwärtig vorherrschenden Wirtschaftsformen. Dies gilt insbesondere für die sogenannten Prosumer-Modelle, also Betriebsformen, in denen Konsument(inn)en oder Nutzer(innen) an der Herstellung eines Produkts oder der Erbringung einer Dienstleistung unmittelbar beteiligt sind. Wenn sich etwa Stadtbewohner(innen) an einem Betrieb der SoLaWi nicht nur ideell und finanziell beteiligen, sondern aktiv durch eigene Mitarbeit auf dem Hof oder in Vertrieb, Organisation oder Marketing, wirkt dies nicht zuletzt auch einer Entfremdung durch anonyme Märkte und intransparente Produktionsprozesse und Lieferketten entgegen. So entsteht eine Identifikation mit einer Landwirtschaft, die gemeinwohlorientiert ist und in aller Regel den Prinzipien des ökologischen Landbaus folgt (vgl. S. 41 ff.). Auch werden in diesen Betriebsarten häufig innovative Formen der Partizipation an betrieblichen Entscheidungen praktiziert, für die der Begriff der Unternehmensdemokratie womöglich zu kurz greift, da auch Externe, zum Beispiel Kund(inn)en, eingebunden sein können.

Weitere Beispiele für Prosumer-Modelle sind lokale Energiegenossenschaften oder auch die an Bedeutung gewinnende neue Generation von genossenschaftlichen Wohnungsbauinitiativen. Sie entziehen Baugrundstücke oder Gebäude durch Erwerb und Vergemeinschaftung dem privaten Immobilienmarkt und nehmen damit nicht nur Einfluss auf die Preisgestaltung. Als Pioniere sind hier seit 1996 etwa die Stiftung Habitat in Basel oder die zahlreicher werdenden Mietshäuser-Syndikate in Deutschland, Österreich und den Niederlanden zu nennen. Diesen Beispielen ist gemein, dass sie – neben Nachhaltigkeitszielen – vor allem Gestaltungsmacht zurückgewinnen wollen darüber, zu welchem Zweck und auf welche Weise Nahrung oder Energie produziert oder für wen und wie städtische Umwelt gestaltet wird. Sie schaffen damit innerhalb des bestehenden Wirtschaftssystems viable Alternativen, ganz im Sinne der „Diverse Economies" (3).

„ **Teilen und gemeinschaftlich organisierte Nutzungsformen bergen ein großes Potenzial für eine Suffizienz-Ökonomie, die Wachstumszwänge überwindet und auf Gemeinwohl- und Umweltbelange abstellt.** "

Zurück zu den eigentlichen Sharing-Modellen: Aus der Kritik an der Überprägung gemeinwohlorientierter Teilkonzepte durch den Plattformkapitalismus wird in der jüngeren Debatte der Schluss abgeleitet, dass stattdessen eine weitreichende Form des Plattformkooperativismus oder der „platform commons" (4) nötig sei, um der ursprünglichen Idee des Teilens wieder zu Geltung zu verhelfen. Möglichkeiten hierzu sieht Trebor Scholz etwa in der Etablierung plattformbasierter Genossenschaften (5), die zwar ähnliche Infrastrukturen und Angebotsmodelle wie die kommerzielle Plattformökonomie nutzen, sich jedoch in ihrer Zielausrichtung und in Fragen der gesellschaftlichen Mitbestimmung erheblich von diesen unterscheiden.

Sie sind durch ihre Gemeinwohlorientierung nicht nur in der Lage, auf profitorientierte Provisionsmodelle zu verzichten und damit auch Kosten für die Nutzenden zu reduzieren. Auch besteht über die formale Organisationsstruktur die Möglichkeit direkter Mitbestimmung durch die Genoss(inn)en: Mehr oder weniger große, lokale oder regionale Gemeinschaften könnten sowohl über die grundsätzliche Ausrichtung der Aktivitäten entscheiden als auch an der konkreten Ausgestaltung der jeweiligen Angebote mitwirken. Grundlegende Fragen zur Produktgestaltung oder zur Auswahl von Materialien oder Energieformen ließen sich entlang eines übergeordneten Postwachstumsleitbilds entscheiden.

### Ermöglichende Planung

Implizit wird solchen gemeinschaftsbasierten Aktivitäten eine eher lokale bis regionale Ausrichtung unterstellt. Dies ist besonders augenfällig im Bereich Landwirtschaft und Nahrungsmittel, gilt aber auch für geteilte Infrastrukturen wie Werkstätten und Coworking-Büros oder auch für Tauschringe und Zeitbanken. Zugleich ermöglichen virtuelle Plattformen wie Freegle oder Freecycle aber auch translokale Formen des Teilens, Tauschens und Zusammenarbeitens. Wichtiger noch als räumliche Distanzen scheinen jedoch die räumlichen Voraussetzungen für das Praktizieren von Sharing. Damit verbunden ist die Frage, wie Architektur, Siedlungsplanung und Kommunalpolitik aufkommende Aktivitätsformen nicht nur begleiten, sondern auch proaktiv fördern können. Postwachstumsorientierte Wirtschaftsformen sind meist verbunden mit der Erprobung neuer (Lebens-)Arbeitszeitmodelle und mit neuen Formen der Verknüpfung von Erwerbs- und Nichterwerbsarbeit. Gemeinwohlorientierung und gesellschaftliche Teilhabe erzeugen Hybridität und Diversität, die traditionelle Wohnen-/Arbeiten-Dichotomien nicht erfassen. Eine ermöglichende Planung muss hier Antworten auf neue, oft multifunktionale oder langfristig variable Flächenansprüche geben.

Auf allen Ebenen planerischen Handelns können Postwachstumsaspekte mehr oder weniger explizit Berücksichtigung finden. Die Gestaltung von Wohn- und Gewerbebauten oder die Konzeption öffentlicher Flächen kann etwa vorausschauend Räume des Teilens wie Coworking Spaces und Gemeinschaftsgärten sowie notwendige Infrastrukturen wie Werkstätten und Car- und Bikesharing schaffen. Sie können neue, multifunktionale Räume des kreativen Miteinanders entstehen lassen, etwa im Sinne der „Tiers Lieux"/„Third Places". Damit sind dritte Orte gemeint, die keiner der etablierten Sphären Wohnen, Gewerbe, Freizeit/Kultur allein zugeordnet werden können und bewusst zur Begegnung von und Auseinandersetzung zwischen unterschiedlichsten Aktivitäten einladen. Sie schaffen Experimentierräume für die Suche nach postwachstumsorientierten Formen des Wirtschaftens und Zusammenlebens.

**Entlastung der Ökobilanz**
Teilen und gemeinschaftlich organisierte Nutzungsformen bergen ein großes Potenzial für eine Suffizienz-Ökonomie, die Wachstumszwänge überwindet und auf Gemeinwohl- und Umweltbelange abstellt. „Inwieweit sich die Nachhaltigkeitspotenziale der ‚Ökonomie des Teilens' wirklich heben lassen", so Reinhard Loske pointiert, „hängt vor allem von der Frage ab, ob es tatsächlich zur Entlastung der Ökobilanz kommt". (6) Darüber hinaus wäre zu prüfen, ob beziehungsweise unter welchen

Bedingungen Teilen zu mehr gesellschaftlicher Teilhabe, Mitbestimmung und geteilter Verantwortung führt und ob es suffizienzorientierte Lebensstile befördert. Dies wird nicht nur, aber in starkem Maße von den Motivlagen, Organisationsformen und Gegenständen der Sharing-Konzepte abhängen – also von dem, wie geteilt wird, aber auch von dem, was geteilt wird.

**Anmerkungen**
(1) Belk, R. (2017): Sharing Versus Pseudo-Sharing in Web 2.0. In: The Anthropologist (18/1), S. 7-23.
(2) Srnicek, N. (2016): Platform Capitalism. Cambridge.
(3) Gibson-Graham, J. K. (2008): Diverse economies: performative practices for ‚other worlds'. In: Progress in Human Geography (32/5), S. 613-632.
(4) Hickel, J. (2019): Degrowth: a theory of radical abundance. In: real-world economics review (87), S. 54-68.
(5) Scholz, T. (2016): Plattform-Kooperativismus. Wie wir uns die Sharing Economy zurückholen können. Rosa Luxemburg Stiftung Thüringen.
https://th.rosalux.de/publikation/id/8813/plattform-kooperativismus/
(6) Loske, R. (2016): Neue Formen kooperativen Wirtschaftens als Beitrag zur nachhaltigen Entwicklung. In: Bala, C./Schuldzinski, W. (Hrsg.): Prosuming und Sharing – neuer sozialer Konsum. Aspekte kollaborativer Formen von Konsumtion und Produktion. Verbraucherstiftungen NRW, S. 46.

**Wie macht der Postwachstumsansatz Raum gut?**
Indem er Land gewinnt gegenüber wachstumsfixierten Leitbildern.

**Zum Autor**
Christian Schulz, geb. 1967, ist Wirtschaftsgeograph. Er lehrt und forscht an der Universität Luxemburg zu alternativen Wirtschaftsformen und Postwachstumsansätzen, ein Thema, das er auch in der Akademie für Raumentwicklung in der Leibniz-Gemeinschaft (ARL) vertritt.

**Kontakt**
Prof. Dr. Christian Schulz
Universität Luxemburg
E-Mail christian.schulz@uni.lu

Innovation und Exnovation im Mobilitätssektor

# Bewusster Abschied vom Alten

**Allein mit technischen Maßnahmen wie dem Ausbau der Elektromobilität wird die Verkehrswende nicht gelingen. Transformationsstrategien müssen an der grundsätzlichen Logik etablierter Produktions- und Lebensweisen rütteln, neue Raumstrukturen schaffen und den Autoverkehr insgesamt reduzieren.**

*Von Sebastian Norck*

▬▬▬ Nachhaltige Entwicklung kann allein durch technischen Fortschritt erreicht werden, so die verbreitete Hoffnung in weiten Teilen von Politik, Wirtschaft, Wissenschaft und Öffentlichkeit. Aus wachstumskritischer Sicht erweist sich das Vertrauen in die technische Machbarkeit eines ökologisch unschädlichen Wachstums von Wirtschaftsleistung und Wohlstand jedoch als trügerisch. Eine Postwachstumsökonomie wird neben der Einführung und Verbreitung von technischen Nachhaltigkeitsinnovationen nur durch die gleichzeitige Abschaffung nicht nachhaltiger Strukturen, durch sogenannte Exnovationen, zu verwirklichen sein. Gerade im Verkehrssektor zeigt sich dies deutlich.

Technische Innovationen sollen einen Beitrag zum Wirtschaftswachstum leisten. Gleichzeitig sollen sie, gerade wenn sie als nachhaltig bezeichnet werden, helfen, unsere natürlichen Lebensgrundlagen zu bewahren. »Grünes Wachstum« soll durch Nachhaltigkeitsinnovationen ermöglicht werden. Es soll die ständige wirtschaftliche Expansion und wachsenden Wohlstand mit einer Reduzierung des Naturverbrauchs vereinbar machen. So versprechen kraftstoffsparende Antriebe und eine bessere Abgastechnik, das persönliche Fahrverhalten nicht ändern zu müssen und trotzdem klimawirksame Treibhausgasemissionen und die lokale Luftverschmutzung reduzieren zu können. Zudem soll die effizienzorientierte Optimierung von Motoren und Fahrwerk auch künftig den Absatz der Automobilbranche garantieren und damit Arbeitsplätze und das weitere Wachstum des Industriezweigs langfristig sicherstellen.

Ein Blick auf die tatsächlichen Entwicklungen von Kraftstoffverbrauch und verkehrsbedingten Emissionen zeigt, dass sich die versprochenen Einsparungen bisher nicht haben realisieren lassen. Zwar konnte der durchschnittliche Kraftstoffverbrauch von Pkw aufgrund technischer Effizienzverbesserungen zwischen 1995 und 2017 von 8,8 auf 7,4 Liter pro 100 Kilometer reduziert werden. Dennoch ist der Gesamtkraftstoffverbrauch im Personenverkehr im gleichen Zeitraum nur um 0,5 Prozent zurückgegangen, im gesamten Straßenverkehr aufgrund deutlicher Zunahmen im Güterverkehr sogar um vier Prozent gestiegen. In gleicher Weise sanken durch bessere Motoren, Abgastechnik und Kraftstoffqualität die kilometerbezogenen Kohlendioxidemissionen bei Pkw von 1995 bis 2017 um 15 Prozent und bei Lkw um 30 Prozent; der gesamte Kohlendioxidausstoß des Pkw-Verkehrs hat in dieser Zeit jedoch um 0,5 Prozent, im Lkw-Verkehr sogar um 20 Prozent zugenommen. (1)

**Verkehrsstrukturen erneuern**

Hinter diesen ökologisch bedenklichen Tendenzen steht einerseits eine generelle Zunahme des Verkehrs, die aus mehr Fahrzeugzulassungen und immer größeren Transportweiten resultiert. Andererseits gibt es gerade bei Pkw einen deutlichen Trend zu immer leistungsstärkeren Fahrzeugen und verbrauchssteigernder Komforteinrichtung wie Klimaanlagen. In Kombination führt dies dazu, dass trotz kontinuierlicher technischer Verbesserungen an den Fahrzeugen eine ökologische Entlastung ausbleibt. Diese Entwicklung wird als Reboundeffekt bezeichnet.

Im Verkehrssektor zeigt sich sehr deutlich, dass emissions- und ressourcensparende technische Innovationen allein nicht zwangsläufig einen Beitrag zu mehr ökologischer Nachhaltigkeit leisten. Neben der Einführung neuer Techniken hängt das Gelingen einer nachhaltigkeitsorientierten Verkehrswende wesentlich von der zielgerichteten, vollständigen oder zumindest graduellen Abschaffung nicht nachhaltiger Verkehrsstrukturen ab. Dieser Prozess wird Exnovation genannt und sorgt dafür, dass alte Strukturen verworfen und nicht einfach durch neuere, wenn auch weniger energie- und emissionsintensive, ergänzt oder bestenfalls ersetzt werden.

Exnovationen zielen darauf ab, nicht nachhaltige Produkte abzuschaffen und ökologisch bedenkliche Praktiken zu unterlassen. Im Falle der Verkehrswende bedeutet dies vor allem den Abschied von Verbrennungsmotor und motorisiertem Individualverkehr. In Deutschland wird derzeit noch über ein Verbot der Neuzulassung von benzin- und dieselgetriebenen Fahrzeugen diskutiert. Zahlreiche europäische Staaten sind da schon weiter und haben bereits konkrete Bestimmungen erlassen oder beabsichtigen Zulassungsverbote. In Irland und Schweden etwa sollen ab 2030 keine Fahrzeuge mehr mit Verbrennungsmotor verkauft werden dürfen. Norwegen will auch ohne ein Verbot bereits im Jahr 2025 erreichen, dass nur noch emissionsfreie Neuwagen zugelassen werden.

### Politische Gestaltung der Verkehrswende

Die Beispiele für Herstellungs- und Kaufverbote für Fahrzeuge mit Verbrennungsmotor zeigen, dass sich Exnovationen im Verkehrssektor durch politische Maßnahmen forcieren lassen. Dazu zählt auch der Abbau umweltschädlicher Subventionen wie der Entfernungspauschale. Die Verkehrswende bedarf einer politischen Gestaltung. Denn die Folgen, die mit der Abschaffung der bisher zentralen Technologie im Verkehrssystem einhergehen, reichen weit. Die einschneidenden Auswirkungen einer Exnovation des Verbrennungsmotors zeigen sich unter anderem wirtschaftsstrukturell und betreffen die Automobilbranche sowie ihre Zulieferindustrie. Dies hat auch regionalentwicklungspolitische Implikationen, vor allem in den Regionen, die besonders stark von der Fahrzeugherstellung geprägt und deshalb durch einen massiven Beschäftigungsabbau gefährdet sind. Folgen ergeben sich aber auch auf Ebene der materiellen Infrastruktur, zum Beispiel für den bislang vor allem autoorientierten Straßenbau. Somit sind die Verbindungen zwischen der Verkehrswende und weiterreichenden Fragen einer Wachstumswende an vielen Punkten offensichtlich.

Exnovationen wie ein Verbot des Verbrennungsmotors sind nicht per se an das Vorhandensein eines adäquaten Ersatzes gebunden. Dennoch wird gerade angesichts

> **Im Verkehrssektor zeigt sich sehr deutlich, dass emissions- und ressourcensparende technische Innovationen allein nicht zwangsläufig einen Beitrag zu mehr ökologischer Nachhaltigkeit leisten.**

der beschriebenen tief greifenden Folgen von verschiedenen Akteuren versucht, die Dominanz des Automobils auch für die Zukunft sicherzustellen, indem verstärkt auf alternative Antriebstechnologien, allen voran den Elektromotor gesetzt wird. Dabei wird oft verkannt, dass derartige Strategien, die versuchen, die bislang dominanten Verkehrsmuster nur auf eine neue technische Grundlage zu stellen, mit Problemverschiebungen einhergehen. So entstehen im Falle von Elektrofahrzeugen neue Knappheiten, etwa bei den sogenannten seltenen Metallen, die für die Herstellung von Batterien und Elektromotoren notwendig sind.

Aus einer Postwachstumsperspektive sind derartige Verlagerungseffekte sowie die oben beschriebenen Reboundeffekte, die zu einer (Über-)Kompensation von Effizienzgewinnen durch Mengenwachstum führen, Anlass, für eine deutliche Reduzierung des motorisierten Verkehrs durch Maßnahmen der Verkehrsvermeidung zu plädieren. Wenn der Verkehrsaufwand insgesamt gesenkt werden soll, braucht es neue Raumstrukturen. Diese politisch zu forcieren, entspräche einer „Strukturpolitik der kurzen Wege" (2). Eine solche ist am lokalen Nahraum orientiert und muss unter anderem Nahversorgung, Naherholung und kürzere Pendlerdistanzen begünstigen. Das Zufußgehen und Radfahren als nicht motorisierte Verkehrsarten müssen einerseits möglich und andererseits durch zusätzliche planerische Maßnahmen wie attraktive Wegenetze und eine hohe Aufenthaltsqualität des öffentlichen Raums interessant gemacht werden.

In der Praxis wird (Auto-)Verkehrsvermeidung zwar oftmals als Ziel propagiert, wirkungsvolle Maßnahmen werden jedoch nur selten umgesetzt. So formuliert etwa die Stadt Nürnberg als ein Ziel ihrer Verkehrsplanung ausdrücklich, „den Anteil der Fahrten mit dem Auto soweit als möglich zu reduzieren" (3). Um diese zumindest graduelle Exnovation im Bereich des motorisierten Individualverkehrs zu erreichen, reicht es gemäß dem jüngst beschlossenen „Masterplan für die Gestaltung nachhaltiger und emissionsfreier Mobilität in Nürnberg" nicht allein, Kapazitäten im öffentlichen Personennahverkehr zu erhöhen sowie den Fuß- und Radverkehr zu fördern. Vielmehr brauche es flankierende Maßnahmen, die helfen, Kapazitäten für den Pkw-Verkehr zu reduzieren, unter anderem solche der Parkraumbewirtschaftung wie eine Erhöhung von Parkgebühren und eine Reduzierung der Stellplätze. (4) Die Umsetzung solcher Maßnahmen zur Autoverkehrsreduzierung lässt indes noch auf sich warten: So ist etwa zwischen 1992 und 2017 die Parkgebühr in der Nürnberger Altstadt sogar leicht um 0,2 Prozent gesunken, während im gleichen Zeitraum der Ticketpreis für eine Einzelfahrt mit Bus, Straßen-, U- oder S-Bahn im Stadtgebiet um 108,3 Prozent gestiegen ist. (5)

**Konsequente Umsetzung fehlt**
Das Beispiel zeigt, dass eine am Postwachstumsgedanken orientierte Vermeidung von (Auto-)Verkehr, mithin die Exnovation nicht nachhaltiger Verkehrsmuster, kaum ohne entsprechende politische Maßnahmen umsetzbar sein wird. Es wird jedoch auch deutlich, dass diese trotz entsprechender Zielsetzungen bislang kaum ergriffen werden. Vielmehr stehen – auch im Fall Nürnberg – meist technische Maßnahmen wie ein Ausbau der Elektromobilität im Vordergrund, weil derartige Innovationsstrategien im Gegensatz zu Ansätzen der Exnovation nicht an der grundsätzlichen Logik etablierter Produktions- und Lebensweisen rütteln.
Für die Zukunft wird im Sinne eines umfassenden Nachhaltigkeitswandels jedoch zu fragen sein, wie sich die Abschaffung nicht nachhaltiger Strukturen stärker forcieren lässt.

**Anmerkungen**
(1) Umweltbundesamt (2019): Kraftstoffe. www.umweltbundesamt.de/daten/verkehr/kraftstoffe sowie Umweltbundesamt (2019): Emissionen des Verkehrs. www.umweltbundesamt.de/daten/verkehr/emissionen-des-verkehrs
(2) Wolf, W. (2017): Mobilität ohne Auto. Plädoyer für eine umfassende Verkehrswende. In: Blätter für deutsche und internationale Politik (62/12), S. 83.
(3) Stadt Nürnberg (2019a): Daten zum Verkehr. www.nuernberg.de/internet/verkehrsplanung/daten.html

(4) Nagel, T. et al. (2018): Masterplan für die Gestaltung nachhaltiger und emissionsfreier Mobilität in Nürnberg. dokumente.nuernberg.de/vpl/masterplan_nachhaltige_und_emissionsfreie_mobilitaet_stadt_nuernberg.pdf
(5) Stadt Nürnberg (2018): Nachhaltige Entwicklungsziele der Vereinten Nationen – Städteziel 11b Mobilität. www.nuernberg.de/imperia/md/partnerstaedte/dokumente/ib/frank_juelich_staedteziel_11b_mobilitaet.pdf

**Wie macht der Postwachstumsansatz Raum gut?**
Postwachstum heißt »Näheliebe«. Kurze Wege in abwechslungsreicher Umgebung prägen in Zukunft Stadt und Land.

**Zum Autor**
Sebastian Norck, geb. 1988, ist wiss. Mitarbeiter am Geographischen Institut der Universität Bayreuth. Er beschäftigt sich dort in Forschung und Lehre mit nachhaltiger Stadt- und Regionalentwicklung und promoviert zu Fragen der Energiesuffizienz in städtischen Räumen.

**Kontakt**
Sebastian Norck
Universität Bayreuth
E-Mail sebastian.norck@uni-bayreuth.de

www.politische-oekologie.de

### politische ökologie
Die Zeitschrift für Querdenker und Vordenkerinnen

## Auch Fachzeitschriften brauchen Freunde!

Der publizistische Anspruch der *politischen ökologie* ist und bleibt hoch. Um ihre inhaltliche Qualität und ökonomische Unabhängigkeit dauerhaft bewahren zu können, ist die pö angewiesen auf die – manchmal eben auch monetär gezeigte – Freundschaft ihrer Leserinnen und Leser. Deshalb bitten wir Sie: Engagieren Sie sich für das dauerhafte Bestehen der Fachzeitschrift im pö_Freundeskreis.

**Ja,** ich möchte die *politische ökologie* finanziell unterstützen!

a) Ich interessiere mich für eine passive Mitgliedschaft im pö_Freundeskreis des gemeinnützigen Vereins für ökologische Kommunikation (oekom) e.V., dem Herausgeber der *politischen ökologie*. Im jährlichen Mitgliedsbeitrag von 100,00 Euro ist ein pö-Jahresabonnement enthalten.

b) Ich möchte die Arbeit des oekom e.V. mit einer einmaligen zweckgebundenen Spende (Stichwort: pö_Freundeskreis) unterstützen. Ich überweise die Spende auf das Konto des oekom e.V. Dafür erhalte ich eine steuerlich absetzbare Spendenbescheinigung.

c) Ich möchte den pö_Freundeskreis dauerhaft mit einem von mir gewählten Betrag unterstützen.

d) Ich interessiere mich für eine Kondolenz-Spende („Spende statt Blumen").

www.oekom-verein.de

**Kontoverbindung oekom e.V.:**
Stadtsparkasse München
IBAN: DE42 7015 0000 0907 1493 30
BIC: SSKMDEMM

Bitte nehmen Sie **Kontakt** unter poe-freundeskreis@oekom-verein.de auf oder rufen Sie uns an (Anke Oxenfarth, 04102/668 79 57), wenn Sie sich für eine der Unterstützungsmöglichkeiten entscheiden oder Fragen haben.

Bewertung des Postwachstumsansatzes

# Perspektiven aus dem Süden

**Der europäische Diskurs um Postwachstum stößt auf Kritik im Globalen Süden. Wieder handele es sich um ein westliches Paradigma, das die ungleichen Verhältnisse zwischen Nord und Süd verkenne. Alternativen zu wachstumsorientierten Entwicklungspfaden müssen daher diese Ungleichheiten enttarnen.**

*Von Antje Bruns*

▬▬▬▬Globale Entwicklungs- und Wachstumsdynamiken sind durch Ungleichheiten geprägt, die sozialökologischen Folgen sind es ebenfalls: Reichtum und Wohlergehen einer Minderheit werden auf Kosten der Mehrheit hervorgebracht, die nur eingeschränkt Zugang zu und Kontrolle über materielle Güter (wie Nahrung, Energie oder Wasser) und immaterielle Güter (wie Chancengerechtigkeit) hat. Diese Ungleichheiten sind im wachstumsorientierten Produktions- und Konsummodell angelegt, das im Postwachstumsdiskurs zur Disposition steht. Ungleichheiten sind gesellschaftlich (re-)produziert und betreffen Macht-, Besitz- und Herrschaftsverhältnisse. Sie bilden sich auf unterschiedlichen Maßstabsebenen ab und manifestieren sich sowohl innerhalb von Gesellschaften, die als zunehmend fragmentiert beschrieben werden, als auch im globalen Ländervergleich. Zwar deuten Statistiken der Weltbank in globaler Betrachtung auf einen Rückgang absoluter Armut hin, gleichwohl sind die Ungleichheiten der Lebensverhältnisse, der Vermögen und der Einkommen enorm. Räumlich gesehen ist absolute Armut ein Phänomen des Globalen Südens. Sie konzentriert sich vor allem in Subsahara-Afrika und Asien und ist eng mit der Kolonialgeschichte verwoben.

Mit dem Kolonialismus wurde die ungleiche Welt- und Handelsordnung und das strukturelle Machtgefälle zwischen Kolonisierenden und Kolonisierten geschaffen: Die rohstoffreichen Länder in Südamerika, Afrika und Asien lieferten Bodenschätze, Kolonialwaren sowie ausbeutbare Arbeitskräfte und dienten als Umweltsenken, während in den Kolonialmächten Kapital, Wissen und Technologieführerschaft akkumuliert wurden. Auf ihrem Entwicklungspfad benötigten die Kolonialmächte immer mehr Rohstoffe und Waren, sie produzierten immer mehr Umweltlasten, die auf immer größeren Skalen wirkten. Diese Entwicklung, die sich mit der Industrialisierung beschleunigte, kulminiert schließlich im Zeitalter des Menschen – dem sogenannten Anthropozän. Trotz der heutigen politischen Unabhängigkeit der einstigen Kolonien ist das koloniale Erbe tief eingeschrieben in Wissenschaft und Denkweisen, in Kunst und Kultur, in gesellschaftliche Normen und Lebensstile dieser Länder. Die andauernde Matrix der kolonialen Macht ist zentral, um zu verstehen, warum der vor allem europäische Diskurs um Postwachstum im Globalen Süden nicht die gleiche Resonanz erfahren hat.

## Dominanz westlicher Paradigmen

An der Vorherrschaft des Wissens setzt eine der Kritiken am Postwachstumsdiskurs aus dem Globalen Süden an: Die Idee des Postwachstums als ein Weg aus der Krise, so die Kritik, sei eurozentrisch. Ein westliches Paradigma des Wachstums und der Entwicklung wird durch ein neues Paradigma ersetzt und verkenne dabei Lebenswelten und Beiträge des Globalen Südens, die einen Fokus auf Entwicklung und Gerechtigkeit haben. So ist das Konzept von Entwicklung Gegenstand der produktiven Abgrenzung von der westlichen Hegemonie, schließlich gehe es um einen fundamental anderen Entwicklungspfad, wofür der Begriff Post-Development geprägt wurde. (1) Zudem wird im Rahmen von „environmental justice" (Umweltgerechtigkeit) an den Bedürfnissen der Menschen im Kontext von Armut und Marginalisierung angesetzt, um essenzielle Fragen wie Nahrungsmittelsicherheit oder sichere Trinkwasserversorgung mit einzuschließen. Aus dieser Lesart, die Positionen des Globalen Südens einnimmt, folgt, dass der Begriff Degrowth weder ansprechend noch unmittelbar anschlussfähig oder gar nützlich für die eigene Standortbestimmung oder den Entwurf von eigenen, unabhängigen und pluralen

> **Es geht darum, tiefer liegende Ursachen der Umweltprobleme und sozialökologische Ungleichheiten offenzulegen, in deren Folge die politökonomische Ordnung und das Wachstumsprimat infrage gestellt werden.**

Zukünften erscheint. (2) Gleichwohl ist festzustellen, dass der argumentative Kern der aktivistischen Bewegungen und akademischen Diskurse zu Post-Development, Umweltgerechtigkeit und Postwachstum ähnlich ist: Es geht darum, tiefer liegende Ursachen der Umweltprobleme und sozialökologische Ungleichheiten offenzulegen, in deren Folge die politökonomische Ordnung und das Wachstumsprimat infrage gestellt werden. Einigkeit besteht auch bei der Forderung und Vision, ein gutes Leben für alle zu ermöglichen. Und trotzdem gehen Umweltgerechtigkeits- und Postwachstumsbewegungen keine „natürliche Allianz" (2) ein.

**Folgen des fossilen Kapitalismus**
Um die globale Dimension der sozialökologischen Krise zu verstehen und die in sie eingeschriebene globale Ungleichheit zu erkennen, hilft es, die historisch-räumlichen Bezüge des fossilen Kapitalismus (3) zu beleuchten, also des Systems, das auf der Verfügbarkeit von fossiler Energie ruht, deren Nutzung maßgebliche Triebkraft der multiplen Krisen unserer Zeit ist. Kennzeichen des fossilen Kapitalismus ist der ungleiche Energieverbrauch von Ökonomien und ganz konkreten Menschengruppen. Es ist nicht das universelle globale Subjekt, das für die globalen Treibhausgasemissionen verantwortlich ist. Die G20-Staaten emittieren 80 Prozent der weltweiten Treibhausgase und halten somit den anthropogenen Klimawandel auf einem Kurs in Richtung drei Grad Celsius Erderwärmung.
Eine weitere Dimension der Ungleichheit aus Nord-Süd-Perspektive ist, dass viele der verschmutzungs- und arbeitsintensiven Industrien in den Globalen Süden verla-

gert wurden und werden – euphemistisch beschrieben als „internationale Arbeitsteilung". Dazu gehören die Mülllandschaften, die von Plastik bis Elektroschrott und ausrangierten Schiffen reichen. Und dazu gehört, dass die Klimaschutzstrategien des Globalen Nordens neue Formen der Naturaneignung und Landnahme hervorbringen. Mit der Folge, dass tropische Regenwälder als globale Emissionssenken verhandelt werden und lokale Landnutzungssysteme im Globalen Süden durch den Anbau von Pflanzen für Biokraftstoffe für europäische Märkte überformt werden. Zu den beliebten Rohstoffen wie Bauxit und Coltan und den klassischen Kolonialwaren Kaffee und Kakao kommen nun also neue handelbare Güter hinzu und nach wie vor werden die Lasten externalisiert.

**Konsum im Norden, Krise im Süden**
Diese negativen Externalisierungswirkungen weisen spezifische räumliche und zeitliche Muster auf. Deutlich wird dies insbesondere in Städten des Globalen Südens, deren Belastungen auf verschiedenen raum-zeitlichen Skalen beruhen und die sich von den Herausforderungen für eine nachhaltige und gerechte Entwicklung im Globalen Norden grundsätzlich unterscheiden. Während nämlich lokal-regionale Herausforderungen, etwa die Abwasserentsorgung und -aufbereitung, in den meist schnell wachsenden Städten des Globalen Südens noch nicht bewältigt sind, manifestieren sich die negativen Folgen des globalen Umweltwandels bereits deutlich, zum Beispiel in veränderten Niederschlägen infolge des Klimawandels. Es kommt somit zu einer Überlagerung von lokalen Belastungen und globalen Krisensymptomen im Globalen Süden, die maßgeblich von Produktions- und Konsummustern im Globalen Norden angetrieben werden.

Die Einteilung in Globaler Norden und Globaler Süden steht, das sollte deutlich geworden sein, nicht für eine statische Kartografie der Welt. Sie lenken den Blick auf Prozesse und Praktiken, die Armut, Marginalisierung und sozialökologische Ungleichheit hervorbringen. Diesen Prozessen und Praktiken wohnt eine hohe Dynamik inne. Gerade die vergangene Dekade ist durch das Auftreten neuer Player geprägt, die mit steigendem Bruttoinlandsprodukt eine vermehrte Nachfrage nach Rohstoffen entfacht haben. Unter diesen neuen Playern sind etwa Brasilien und China, die derzeit viele Entwicklungs- und Infrastrukturprojekte auf dem afrikanischen Kontinent antreiben: Der Bau von Meerwasserentsalzungsanlagen für die Bereitstellung von Trinkwasser oder der Bau von Abwasserkanälen im Großraum Accra in Ghana sind derartige Beispiele.

**Die neue geopolitische Ära**
Im Gegenzug geht es darum, einen gesicherten Zugang zu Rohstoffen zu erhalten. Ähnlich strategische „Rohstoffpartnerschaften" sieht auch die deutsche Rohstoffstrategie vor, die auf Drängen der deutschen Industrie erarbeitet wurde und derzeit fortgeschrieben wird. Eine Versorgungssicherheit mit Rohstoffen ist für das Wirtschaftswachstum unerlässlich, weshalb auch auf europäischer Ebene eine neue geopolitische Ära angebrochen ist.

Flankiert wird diese neue Phase der Rohstoffsicherung immerhin durch erste sozialökologische Überlegungen: Vor allem auf Druck von zivilgesellschaftlichen Verbänden sind zunehmend Umwelt- und Menschenrechtsthemen in die Rohstoffpolitik vorgedrungen, die nun nicht mehr ausschließlich durch Argumente der Versorgungssicherheit gerahmt wird. Als ein Beispiel kann die 2017 verabschiedete EU-Verordnung über Konfliktmineralien gelten, mit der nun verpflichtend geprüft werden muss, ob mit dem Abbau von Tantal, Wolfram, Zinn und Gold bewaffnete Gruppen finanziert werden. Diese Verordnung gilt aber nur für die vier genannten Rohstoffe und hilft nicht bei der Einhaltung sozialökologischer Standards entlang der Rohstofflieferkette, geschweige denn bei der Reduktion des Ressourcenverbrauchs vor allem im Globalen Norden zum Beispiel durch Kreislaufwirtschaft. (4) Ein zunehmender Rohstoffabbau und -verbrauch ist nach wie vor tief in unsere Konsum- und Produktionsmuster eingeschrieben. Das lässt sich am Beispiel von Bauxit, das der Aluminiumherstellung dient, illustrieren. (5) Der deutsche Markt bezieht Bauxit vorwiegend aus Guinea, das zwar reich an diesem begehrten Rohstoff ist und doch zu den ärmsten Ländern der Welt zählt. Die deutsche Industrie verbaut Aluminium zunehmend in Autokarosserien und da die Automobilwirtschaft für das Wachstum der deutschen Wirtschaft wichtig ist, übernahm die Bundesregierung eine Finanzkreditgarantie zur Ausweitung des Abbaus in Guinea, obwohl die Bauxit-Förderung dort lokale Landsysteme zerstört, große Mengen Wasser kontaminiert und Menschen aus ihrer Heimat vertreibt.

70 Prozent der Menschen in Guinea leben von weniger als zwei US-Dollar pro Tag. Zwei Dollar ist ungefähr der Preis, den man hierzulande für einen doppelten Espresso zahlt. Die Bohnen für diesen Espresso wurden in einem anderen tropischen Land in Plantagenwirtschaft angebaut und möglicherweise in Form einer aluminiumhaltigen Kapsel für Kaffeeautomaten vermarktet. Kaffee ist das liebste Getränk der Deutschen und die hiesigen Zulassungszahlen von Autos steigen trotz des Diskurses um eine Verkehrswende weiter an. Die damit einhergehenden sozialökologischen Ungleichheiten sollten Ausgangs- und Ansatzpunkt für einen globalen Diskurs über alternative Entwicklungsmodelle sein und können die Postwachstumsdebatte produktiv bereichern. ▬

**Anmerkungen**
(1) Escobar, A. (2015): Degrowth, postdevelopment, and transitions: a preliminary conversation. In: Sustainability Science (10), S. 451-462.
(2) Rodríguez-Labajos, B. et al. (2019): Not So Natural an Alliance? Degrowth and Environmental Justice Movements in the Global South. In: Ecological Economics (157), S. 175-184.
(3) Altvater, E. (2007): The Social and Natural Environment of Fossil Capitalism. www.elmaraltvater.net/articles/Altvater_Article28.pdf
(4) Reckordt, M. (2017): Globale Rohstoffpolitik im Interesse der Industrie. In: Forschungsjournal Soziale Bewegungen (30).
(5) PowerShift (2019): Landraub für deutsche Autos. Wie ein Bergbaukonzern beim Bauxit-Abbau in Guinea Menschenrechte verletzt. https://power-shift.de/wp-content/uploads/2020/01/Landraub-f%C3%BCr-deutsche-Autos-web2-1.pdf

**Wie macht der Postwachstumsansatz Raum gut?**
Indem er an globaler Gerechtigkeit ansetzt und begrenzte Denkräume erweitert.

**Zur Autorin**
Antje Bruns, geb. 1976, ist Professorin für Nachhaltige räumliche Entwicklung und Governance im Bereich Geographie der Universität Trier. Sie leitet das Forschungsprojekt WaterPower, das die Verschränkungen von Urbanisierung, Ressourcennutzung und sozialökologischen Ungleichheiten in Accra, Ghana, untersucht.

**Kontakt**
Prof. Dr. Antje Bruns
Universität Trier
E-Mail brunsa@uni-trier.de

## EXPERIMENTIERFELDER

In Reallaboren, Makerspaces und der Commons-Forschung wird fleißig an der Überwindung der Wachstumslogik gearbeitet. Wenn die Raumplanung der Kleinteiligkeit von Postwachstumsinitiativen gerecht wird, kann sie transformative Möglichkeitsräume eröffnen. – Wie lassen sich die letzten administrativen und institutionellen Hürden überwinden? Machen soziale gegenüber ökonomischen Interessen Raum gut? Wie wird die Raumplanung zum Katalysator für mehr Teilhabe, Selbstorganisation und Kreativität?

Kleinteilige Prozessgestaltung in der Raumplanung

# Einen anderen Maßstab wagen

**Postwachstumsorientierte Impulse und Initiativen entwickeln sich individuell in kleinen räumlichen Einheiten. Die Raumplanung muss mit Prozessen und Instrumenten arbeiten, die Teilhabe, Selbstorganisation und Kreativität ermöglichen. Zentrale Regeln von oben vorzugeben, ist passé.**

*Von Heike Brückner*

Wenn Relokalisierung, Reproduktivität und Subsistenz zu den grundlegenden Voraussetzungen einer Postwachstumsökonomie gehören, dann rückt der Nahraum in den Fokus der Betrachtung. Der Nahraum als Ort von Produktion und Konsumption, von Arbeiten und Wohnen, von direktem Austausch und sozialer Interaktion. Der Nahraum als Ort, an dem Dinge überschaubar und damit auch wieder verhandelbar werden.

Eine Vielzahl an Initiativen, Bewegungen und Netzwerken ist bereits unterwegs und sucht in ihrem direkten Umfeld nach alternativen Lebens- und Wirtschaftsformen, um eine nachhaltigere und gemeinwohlorientiertere Entwicklung zu befördern – und das in der Stadt und auf dem Land gleichermaßen (vgl. S. 41 ff.). Sie schaffen mit ihren Netzwerken tatsächliche Alternativen zum vorherrschenden Wirtschaftssystem jenseits klassischer Verwertungslogiken. Sie üben Konsumverzicht, agieren in kleinen Kreisläufen, entwickeln sich in Schritt-für-Schritt-Prozessen. Sie wirtschaften solidarisch, kollektiv, ökologisch. Und sie handeln schon jetzt nach den Grundsätzen einer Postwachstumsökonomie.

Das Potenzial dieser Akteurinnen und Akteure sowie Initiativen für die Transformation hin zu einer nachhaltigen Gesellschaft finden in den Leitbildern der Raumentwicklung bisher kaum Beachtung. Im klassischen Diskurs um Daseinsvorsorge geht es darum, durch den Staat die Gleichwertigkeit der Lebensverhältnisse herzustellen. Viele dieser Initiativen tun jedoch etwas ganz anderes: Sie schaffen Strukturen einer Daseinsvorsorge, die sich aus dem rekrutiert, was vor Ort vorhanden ist. Sie nutzen dabei ihre eigenen Ressourcen und Netzwerke, werden selbst aktiv mit ihrem Wissen, ihrer Profession, ihrem Geld – ganz im Sinne einer selbstermächtigenden Daseinsvorsorge.

Dabei entsteht eine andere Organisation von Raum. Anstelle der vertikal und hierarchisch organisierten (Versorgungs-)Strukturen, die zu immer mehr Zentralisation führen, entstehen auf diese Art horizontale, dezentral organisierte Strukturen, die kleinkörnig und »nah« sind und sich auch mal überlappen. So entwickeln sich Interdependenzen zwischen Infrastrukturen, zum Beispiel bei schulischer und medizinischer Versorgung oder Energie- und Nahrungsmittelproduktion. Damit geben sie dem Raum die notwendige Flexibilität und zugleich Stabilität, um auf die Dynamik von Entwicklungen reagieren zu können.

### Die Stadt von morgen

Stadt und Land rücken zusammen und werden Partner »auf Augenhöhe«. Städtische und ländliche Strukturen durchdringen sich – eine nur logische Konsequenz, wenn Produktion und Konsumption von Nahrungsmitteln, Energie, Baustoffen, Gütern ökologischer, nachhaltiger und in geschlossenen Kreisläufen organisiert sind. Einige solcher Modelle sind schon im Entstehen, andere existieren als Vision oder Konzept auf dem Papier.

Die Subsistenzforscherin Veronika Bennholdt-Thomsen fordert, dass die Stadt von morgen konsequent an der Subsistenz ausgerichtet sein muss, also an der Eigenversorgung mit Wasser, Energie, Boden und Nahrungsmitteln. Das meint keinen Verzicht, sondern ein anderes System: Geben und Teilen statt Kaufen und Handeln, denn Letzteres erzeugt Knappheit (z.B. bei Saatgut, Boden, Wohnungen). Subsistenz dagegen operiert mit dem Mittel der Fülle. Bennholdt-Thomsen zeichnet ein Bild von der Welt von morgen, das aus einem System von kleinen Städten, Dörfern und Quartieren besteht. (1)

Dieses Bild korrespondiert mit dem Gedanken der Nachbarschaftsstadt der Initiative Neustart Schweiz: Das Konzept zielt darauf, Ressourcen innerhalb einer Nachbarschaft zu teilen und dabei zu sparen. Die räumliche Grundlage bilden modulare Einheiten von Nachbarschaften mit circa 500 Einwohner(inne)n. Ein wesentliches Ziel ist, die Produktion wieder in die Städte zu holen und damit Verkehr zu vermeiden. Eine Nahversorgung in Fußdistanz sorgt für mehr Lebensqualität und Zeit. Gemeinschaftliche Räume für Kochen, Waschen, Reparieren, für Lesen und Entspannen, Kinderbetreuung sowie für Material- und Lebensmitteldepots helfen beim sorgfältigen Haushalten und fördern zudem Austausch und Begegnung. (2)
Ein Modell, mit dem in Dessau experimentiert wird, sind „Produktive StadtLandschaften". Hier werden produktive Flächen in die städtischen Strukturen integriert. Die Stadt wird aufgegliedert in mehrere Quartiere, sogenannte Stadtinseln. Zwischen diesen urbanen Inseln zieht sich Landschaft durch die Stadt, die vielfältig nutzbar ist: als klimaproduktiver Raum, für Lebensmittelproduktion, mit Retentionsflächen für Hochwasser, für Energiebänder, für gemeinschaftliche Aktivitäten. Die Verarbeitung und Nutzung der Produkte erfolgt in den benachbarten Quartieren, die zu »urbanen Fabriken« mit Wertschöpfung werden. Quartiershöfe bieten die Infrastruktur für die Bewirtschaftung der umgebenden Flächen. Sie sind die Steuerungszentrale für die Koordinierung wirtschaftlicher Aktivitäten, sorgen für sozialen Austausch und organisieren, was wie auf welchen Flächen gemacht werden soll. (3)

**Kreative Kettenreaktionen**
Diese Zukunftsmodelle sind keine Raummodelle, die sich auf die Schnelle implementieren oder nachahmen lassen. Eher geben sie eine Orientierung, zeichnen ein Bild. Was bedeutet das für die Instrumente der räumlichen Planung? Wie können durch Planung Räume zur Entfaltung von Postwachstumsökonomien eröffnet werden?
Projekte von Akteur(inn)en, Initiativen und Vereinen sind eher »kleinkörnig« und ideenreich. Sie folgen weniger einem großen Plan, sondern lösen vielmehr kreative Kettenreaktionen aus. Statt der großen, raumdominierenden Investitionen gibt es eine Vielzahl an kleinen Schritten, die sich an dem orientieren, was vorhanden ist und vor Ort produktiv gemacht werden kann. Statt der einen großen Lösung also eine Vielzahl an kleinen.

Bürgergetragene, zivilgesellschaftliche Initiativen entfalten dabei eine Dynamik, die man mit herkömmlichen Planungsinstrumenten weder organisieren noch steuern kann. Die klassischen Pläne sind dafür zu träge, zu förmlich, zu funktionstrennend angelegt. Stattdessen sind offene Planungsprozesse und informelle Pläne notwendig, die zeitlich und räumlich flexibel sind und die es erlauben, Ziele, Aufgaben und Wünsche immer wieder auszuhandeln und miteinander in Interaktion treten zu können. Anstelle des fertigen Planes, der einen Endzustand beschreibt, braucht es Planungsinstrumente, die Teil der zu gestaltenden Prozesse sind.

> **Der Raum verliert an Statik. Er wird mehr und mehr zu einem lebendigen Gebilde, in dem verschiedene Dinge zugleich passieren und sich immer wieder Gestaltungsmöglichkeiten eröffnen.**

Planung als Prozessgestaltung erfordert Strukturen und Methoden, die es ermöglichen, das Wissen, die Kompetenz, das kreative Potenzial und die Ideen von möglichst vielen zu integrieren. „Keine Regierung der Welt kann die ganze Palette an Wissen, Instrumenten und Sozialkapital entwickeln, die nötig ist, um nachhaltige Entwicklungsprozesse zu fördern. [...] Eine wesentlich erfolgreichere Strategie besteht demnach darin, die Fähigkeiten der Menschen zur Selbstorganisation und zur Kooperation zu stärken". (4) Eine lösungsorientierte, integrierende Planung lädt ein, aktiviert und weckt das kreative Potenzial der Leute, statt es durch Regelwerke oder Zuschreibungen wie „das haben wir noch nie so gemacht" oder „das geht gar nicht, da brauchen Sie sieben Stempel, um das durchzukriegen" zu blockieren. Wir sprechen von einer einladenden, einer aktivierenden, einer ermöglichenden Planung als Gegenbild zur oft erlebten Erfahrung des Abwiegelns und der Planungspraxis des „Wegwägens" im Zuge von Beteiligungsverfahren. Zum einen gehören „ämterübergreifende Arbeitsgruppen" innerhalb von Verwaltungen und Institutionen dazu, die gut moderiert werden, gegebenenfalls mit Unterstützung von außen. Zum anderen aber auch Strukturen, die sowohl Aktive, wie ganz »normale« Bürger(innen) einladen und einbeziehen. Der Werkzeugkasten für solche „kooperativen Planungsformate" ist unter anderem mit Planungswerkstätten, Design-Thinking-Methoden, Runden Tischen, Planspielen gut gefüllt.

Es ist wichtig, dass die Prozesse sichtbar und die Erfolge aktiv gestaltet werden. Reden allein genügt nicht. Es ist ein elementarer Bestandteil dieser Verfahren, Ergebnisse rasch umzusetzen oder praktische Interventionen zu organisieren.

**Teilhabe organisieren und ermöglichen**

Ein dynamisches Modell des Agierens und Reagierens ist schöpferischen Prozessen zu eigen. Wichtig ist das positive Bild, die Vision, an der man gemeinsam arbeitet. Die von Grün durchzogene Stadt, der fahrradfreundlich organisierte Verkehr, das gemeinschaftliche Wohnprojekt, bei dem vorhandene Ressourcen reaktiviert werden, der ökologisch und ästhetisch umgestaltete Bahnhof, der Treffpunkt ist und auch Cafégenuss und Lesefreude bietet. Teilhabe, Engagement und Eigeninitiative brauchen konkrete Anlässe und Gelegenheiten, die Sinn stiften, Spaß machen und Teil von etwas Größerem sind, zu dem man sich zugehörig fühlt, an dem man quasi eine »Aktie« hat. Dieses Bild besteht aus Bausteinen – oder Pixeln –, für die der/die Einzelne oder eine Gruppe von Menschen Verantwortung übernehmen können. Durch das konkrete Tun der Beteiligten tritt das Bild im Raum immer deutlicher hervor.

In Dessau waren Menschen eingeladen, einen geplanten neuen innerstädtischen Landschaftszug mitzugestalten. Sie wurden gebeten, ein Stück StadtLandschaft »in Kultur zu nehmen«. Auf die Goldgräberstimmung im frühen Amerika referierend, wurden diese Flächen „Claims" genannt. Die Akteurinnen und Akteure erhielten sie kostenlos, im Gegenzug konnten sie einen eigenen Gestaltungsentwurf umsetzen. Um diesen Prozess der »In-Kulturnahme« zu ermöglichen, wurde die StadtLandschaft symbolisch aufgepixelt und zwar in das Rastermaß der kleinsten vorhandenen Grundstücksgröße von 400 Quadratmetern. Das Herunterbrechen des großen städtischen Maßstabs auf eine auch für Nicht-Planer(innen) vorstellbare und »beherrschbare« Grundstücksgröße, die auch der/die Einzelne oder eine Gruppe sich traut zu gestalten, gab den entscheidenden Impuls für den weiteren Prozess. Ursprünglich als temporäre Nutzungen für den Zeitraum von fünf bis zehn Jahren angelegt, haben sich inzwischen einige Claims etabliert und sogar erweitert.

**Informelle Planungsinstrumente als Ergänzung**
Bestehende Regelwerke und Planungsrecht lassen sich nicht so schnell transformieren. Oft hilft es, die formellen Planungsinstrumente um informelle zu ergänzen. Dazu gehören beispielsweise Spielregeln, die gemeinsam verabredet werden, um ein bestimmtes Gebiet gemeinschaftlich zu entwickeln. Andere Instrumente des Dessauer Projekts sind der „Katalog der Akteure", die das Potenzial und die Ideen von Initiativen sichtbar machen, und eine Kontaktstelle, die Unterstützung gibt bei der konkreten Realisierung von Bürger(innen)ideen. Gemeinsam ausgehandelte Vereinbarungen, wie eine Charta oder ein Moratorium, um etwas zu befördern oder auch zu schützen, zählen genauso zu informellen Planungsinstrumenten wie auch temporäre Lösungen, etwa Zwischennutzungen und Raumpatenschaften.
Weitere Instrumente sind eine gemeinwohlorientierte Bodenpolitik, die Flächen und Räume zugänglich macht, Büger(innen)unterstützungsstrukturen als Mittler zwischen Verwaltung und Akteur(inn)en und zum Erfahrungsaustausch. Wichtig ist weiterhin eine Kultur der Anerkennung, ein institutionalisierter Wissenstransfer, die Wertschätzung für den und die Einzelne(n). All diese Instrumente sollen die Fähigkeiten der Menschen zur Selbstorganisation und zur Kooperation stärken und Anreize für kollektives Handeln schaffen.
Der Raum verändert dabei seinen Charakter: Er wird nicht über Zuweisungen und Nutzungen von oben programmiert, sondern von dem, was Menschen vor Ort real machen. Es ist eine tätige Aneignung, die aus dem konkreten Tun der Beteiligten erwächst und ihren Wert aus den realen Gestaltungen von vielen gewinnt. Der Raum verliert an Statik. Er wird mehr und mehr zu einem lebendigen Gebilde, in dem verschiedene Dinge zugleich passieren und sich immer wieder Gestaltungsmöglichkeiten eröffnen.
Den einen Masterplan für Postwachstum gibt es nicht. Wenn klar ist, dass sich Postwachstum in kleinen räumlichen Einheiten entwickelt, dann wird sich auch die Rolle der räumlichen Planung verändern. Sie ist nicht mehr so sehr eine Instanz, die

etwas vorgibt oder reglementiert, zu dem man sich dann verhält, sondern wird Teil der Prozesse. In einer prozessgestaltenden Planung geht es auch darum, Strukturen, Anlässe und Gelegenheiten zu schaffen, in denen Gestaltungsräume entstehen können und Gestaltungskräfte zur Entfaltung kommen. Die Rolle der Planer(innen) ist, diese Prozesse zu moderieren, inhaltliche, ästhetische und ökonomische Impulse zu geben – und immer wieder Gestaltungslust zu wecken (vgl. S. 28 ff.).

**Anmerkungen**
(1) Bennholdt-Thomsen, V. (2015): Atlas der Globalisierung. Weniger wird mehr. Der Postwachstumsatlas. Berlin, S.162-163.
(2) Verein Neustart Schweiz (2016): Nach Hause kommen. Nachbarschaften als Commons. Zürich.
(3) Brückner, H. (2017): Produktive StadtLandschaften. Magdeburg.
(4) Ostrom, E./Helfrich, S. (Hrsg.) (2011): Was mehr wird, wenn wir teilen. München.

**Wie macht der Postwachstumsansatz Raum gut?**
Raum wird wieder verhandelbar – im Sinne einer Allmende als gemeinschaftlich zu kultivierendes Land.

**Zur Autorin**
Heike Brückner, geb. 1963, ist Landschaftsarchitektin und arbeitet zu den Themen „Postindustrielle Kulturlandschaft" und „Produktive Stadtlandschaften". Als Planerin war sie an der Entwicklung des Dessauer Landschaftszugs beteiligt und initiierte die Projekte „400 qm Dessau" und „Urbane Farm Dessau".

**Kontakt**
Heike Brückner
E-Mail green-square@hotmail.de

Reallabore in Forschung und Praxis

# Experimentieren erlaubt

**In Reallaboren erproben Menschen zukunftsfähige Lebensstile und Wirtschaftsformen. Aber was wird aus den Gruppen, Produkten und Infrastrukturen nach Abschluss der Projekte? Das Potenzial der Commons-Forschung für die Postwachstumsgesellschaft ist groß – und noch lange nicht ausgeschöpft.**

*Von Benjamin Best*

_____Reallabore sind langfristig angelegte Forschungsinfrastrukturen, innerhalb derer sich Wissenschaftler(innen) in gesellschaftliche Prozesse einschalten. Häufig werden Reallabore in einem Quartier mit besonderem Erneuerungsbedarf angesiedelt. Die Projekte sollen zu einer verbesserten Stadtentwicklung beitragen, dienen zugleich aber der Wissenschaft, indem sie die sozialen und kulturellen Voraussetzungen und Wirkungen von nachhaltiger Entwicklung untersuchen. Reallabore werden unter anderem im Rahmen des Energieforschungsrahmenprogramms des Bundeswirtschaftsministeriums sowie vom Bundesforschungsministerium gefördert. In diesen Laboratorien führen Wissenschaftler(innen) mit Akteur(inn)en aus Zivilgesellschaft und Wirtschaft vor Ort »Nachhaltigkeitsexperimente« durch. Workshops für Do-it-yourself-Möbelbau, urbane Gärten und Reparatur-Cafés sind Beispiele dafür. Aktionen und Interventionen dieser Art wohnt eine längerfristige Perspektive inne. Typischerweise wird ihr Fortbestand bereits zu Beginn des Experimentalzeitraumes geplant. Erst so und indem soziale Lernprozesse und deren Untersuchung ineinandergreifen, wird diese Forschung transformativ.

Reallabore können einen gesellschaftlichen Handlungsspielraum dort erarbeiten, wo die Gemeinden selbst oft nicht weiterkommen oder eher Sozialarbeiter(innen) einsetzen würden. Nachhaltige Reallabore sind aber mehr als ein soziales Hilfsangebot. Sie sind vielmehr „now-topias", also reale und gelebte Utopien. Im Sinne der Postwachstumsökonomien geht es um eine Stärkung der Eigenarbeit, der Entkommerzialisierung, alternativökonomischer Ansätze und Suffizienz. In ihnen werden zukunftsfähige Lebensstile und Wirtschaftsformen praktisch erprobt.

In theoretischen Studien und Szenarien zu Mobilitätswende, energieeffizientem Wohnen, erneuerbarer Energieversorgung, nachhaltigen Wirtschaftsformen und Kreislaufwirtschaft wird man häufig mit idealisierten wissenschaftlichen Ansätzen konfrontiert, die in der gesellschaftlichen Wirklichkeit nicht unbedingt funktionieren. Sie können in Reallaboren einem Praxistest unterzogen und ihre Auswirkungen untersucht werden.

### Von Stromspardetektiven und Rikschafahrten

In dem Reallabor DoNaPart (1) im Dortmunder Norden wurden in einem „Soziale Stadt"-Fördergebiet ein freies und öffentliches WLAN eingerichtet, eine Fahrrad-Selbsthilfewerkstatt aufgebaut und in einer Kindertagesstätte die Jüngsten zu „Stromspardetektiven" ausgebildet. Die Maßnahmen wurden gemeinsam mit den Bürger(inne)n vor Ort entwickelt und durchgeführt. Ein Team aus Psychologen, Raumplanerinnen und Soziolog(inn)en war drei Jahre vor Ort. Manche Experimente überstanden den Praxistest und konnten sogar dauerhaft aufrechterhalten werden. Andere Versuche stellten sich als unpraktikabel heraus oder sind nicht unmittelbar weitergeführt worden, zum Beispiel fand sich kein dauerhafter Träger für die Rikscha-Fahrradausfahrten für mobilitätseingeschränkte Personen.

Es ist eine offene Frage, weshalb manche Experimente »wie von selbst« weiterlaufen. Was verbindet die nachhaltigen Experimente aus dem Dortmunder Projekt? Das öffentliche WLAN-Netzwerk wird von einer Gruppe freiwilliger IT-Begeisterter organisiert. Diese Menschen haben im Stadtquartier ein freies WLAN aufgebaut, das man ohne Anmeldung nutzen kann. Sie haben sich der Initiative „freifunk" angeschlossen, die die Vision eines dezentral organisierten Netzwerks in Gemeinschaftsbesitz umsetzt. Ein offenes WLAN soll dazu beitragen, Wissen und Ressour-

> **Nachhaltige Reallabore sind mehr als eine soziale Hilfe. Sie sind „now-topias", also reale und gelebte Utopien.**

cen ungehindert zu verbreiten und vorhandene und neue Sozialstrukturen zu fördern und zu vernetzen.

Auch die Fahrradwerkstatt besteht fort und wird von ehrenamtlichen Fahrradtechniker(inne)n, einem Integrationsnetzwerk und einem Jugendzentrum getragen. Gemeinschaftlich wurde eine Infrastruktur zur Reparatur von Rädern geschaffen, die von Bürger(inne)n vielfältig genutzt wird. Auch ein Tauschschrank wurde aufgestellt, in dem große und kleine Gegenstände ohne Geld getauscht werden können. Die Bevölkerung nimmt die Möglichkeit zum Teilen und Tauschen von Gegenständen rege wahr. Der Tauschschrank wird von zwei engagierten Bürgerinnen betrieben und gepflegt. Zusammen mit der Fahrradwerkstatt ist eine umfangreiche Sharing-Initiative im Stadtteil ins Leben gerufen worden.

## Experimentieren als sozialer Prozess

Diese Beispiele scheinen kleinteilig und sie gehören zu vollkommen unterschiedlichen Bereichen. Sie drehen sich um Daten, Kabel, um Fahrräder und um die Weitergabe von Gegenständen und beziehen sich auf unterschiedliche gesellschaftliche, natürliche und psychologische Ressourcen. Aber sie alle werden von Gruppen getragen, die mit ihrer Initiative konkrete Bedürfnisse – nach verkehrssicherer Mobilität, Kommunikation, WLAN und Unterhaltung – befriedigen. Verbunden damit ist auch eine bestimmte Qualität sozialer Prozesse: Menschen tun sich zusammen, um selbstorganisiert Probleme zu lösen, die sie und größere Kreise betreffen. Diese Gruppen operieren jenseits von Markt und Staat und sie schaffen beziehungshafte Eigentumsstrukturen, da am Ende die Produkte, Technologien und Infrastrukturen nicht den Privatpersonen oder dem Staat gehören, sondern im Besitz der Gemeinschaft sind. In der Literatur werden diese gemeinschaftlichen Institutionen als „Commons" (2) bezeichnet. Manche Nachhaltigkeitsexperimente des Projekts DoNaPart bestehen als solche Commons fort. In ihnen können Menschen auf ihre Kooperationsfähigkeit sowie auf ihre emotionalen, kognitiven und manuellen Fähigkeiten zurückgreifen. Die Experimente eröffnen zudem ein hohes Maß an Ortsverbundenheit, Gemeinschaftsgefühl und individuellem Empowerment. Sie lassen neue Räume entstehen, die sich teilweise mit bestehenden Räumen überlappen und mit denen sich die „Commoner" verbunden fühlen. Das Engagement in Commons steigert sogar messbar die Zufriedenheit im Quartier. Die Commonsgruppen verfolgen gemeinsame Ziele, lösen aufkommende Konflikte und geben jedem/r Einzelnen die Möglichkeit, sich selbst in den eigenen Handlungen als wirksam zu erfahren.

### Orientierungshilfe aus der Commons-Forschung

Reallabore sind ein neues, aber bereits wissenschaftlich hoffähiges Forschungskonzept. Meist finanziert die öffentliche Hand diese Projekte, woraus eine besondere Verantwortung erwächst. In der Wissenschaft wird gefordert, Reallabore zunehmend als langfristige Strukturen anzulegen. (3) Auch für die beteiligten Gemeinden ist es wichtig, dass Reallabore praktisch und gegebenenfalls auch wirtschaftlich erfolgreich sind. Daher sollte versucht werden, möglichst dauerhafte Strukturen aufzubauen. Aus meiner Sicht bieten sich die neuesten Erkenntnisse aus der Commons-Forschung dafür als Orientierung an.

Nun lassen sich Commons aber von der Wissenschaft nicht nach einem Baukastenprinzip konstruieren. Vielmehr ist der Ausgangspunkt, dass (lokale) Gemeinschaften und Netzwerke gemeinsam und selbstbestimmt an Lösungsideen arbeiten. Daher brauchen Reallabore einen offenen Beteiligungsansatz mit klaren Vorgaben. Im Rahmen des Projekts DoNaPart wurde dafür ein schematischer Ablauf entwickelt:

1. „Top-down" beginnen: Die Wissenschaft definiert das Nachhaltigkeitsexperiment und knüpft dabei an lokale Bedarfe an.

2. Akteure und Multiplikatorinnen aktivieren: In Gesprächen die Unterstützung von wichtigen Einzelpersonen und Organisationen sichern.

3. Performative Aktionen durchführen: Beispielsweise Bau-Workshops anbieten, die dazu dienen, Menschen aus unterschiedlichen Schichten sowie ihre Zeit, Energie und Ideen zu mobilisieren.

4. Kollaborative Durchführung: Etablierung und Stabilisierung eines Gruppenkontextes, in welchem gemeinschaftliches Handeln stattfinden kann.
5. Dialog und Reflexion: In einer Abschlussphase mit den beteiligten Praxisakteur(inn)en Interviews darüber führen, was gut und was schlecht gelaufen ist.
6. Verstetigung: Gegebenenfalls können Experimente verstetigt werden, wenn sich dies aus Sicht der Gruppe anbietet und sich Akteurinnen und Akteure finden, die das Projekt weiter tragen.

Der Erfolg dieser Prozesse lässt sich nicht vollständig planen. Auch tangieren sie Personen in ihrem Alltagsleben. Daher braucht es ein hohes Maß an kommunikativer Kompetenz und Sensibilität seitens der Forscher(innen). Nicht zu unterschätzen ist auch die Bedeutung von Charisma und Führungskompetenz engagierter Einzelpersonen, deren Wirkung als Multiplikator(inn)en für solche Projekte entscheidend sein kann. Ein fester Treffpunkt und eine lange Laufzeit (mehr als fünf Jahre) bilden ebenso wichtige Voraussetzungen. Vertrauen und Gruppengefühl brauchen Zeit, um sich zu entwickeln – ein Baum wächst auch nicht schneller, wenn man daran zieht. Die einzelnen Experimente lassen sich um übergreifende partizipative Methoden erweitern. Zum Beispiel kann mit einer zufallsbasierten Auswahl auch bei einer begrenzten Teilnehmer(innen)zahl eine Art „Mini-Public" entstehen. Diese Teilnehmer(innen) sollten idealerweise für ihren Aufwand entschädigt und von der Arbeit freigestellt werden.

**Weniger Auflagen, mehr Befugnisse**
Der letzte Schritt, die Verstetigung des Prozesses, könnte in künftigen Projekten zusätzlich abgesichert werden. Die öffentliche Hand kann eine Funktion, etwa die Organisation der Fahrradwerkstatt, an eine bürger(innen)getragene Gruppe delegieren. Sachkosten, Versicherungen und Kommunikationsinfrastruktur sollten dabei gestellt werden, die eigentliche Arbeit aber in Selbstverwaltung geschehen.
Silke Helfrich und David Bollier nehmen die freiwilligen Feuerwehren als Beispiel und schlagen vor, diese Struktur auf andere Bereiche zu übertragen – mit weniger Auflagen und mehr Befugnissen. Indem Gruppen echte Befugnisse für wichtige Aufgaben übertragen werden und nicht mit Anreizen oder gar Gehältern operiert wird (4), sollen Bedingungen geschaffen werden, unter denen Menschen gern ihre

> **„ Die Commonsgruppen verfolgen gemeinsame Ziele, lösen aufkommende Konflikte und geben jedem und jeder Einzelnen die Möglichkeit, sich selbst in den eigenen Handlungen als wirksam zu erfahren. "**

persönlichen Fähigkeiten einbringen. Dieses Muster kann als „Commons-Öffentliche-Partnerschaft" (CÖP, engl. Commons Public Partnership, CPP) bezeichnet werden und sollte als Alternative zur etablierten „Öffentlich-Privaten-Partnerschaft" (ÖPP, engl. Public Private Partnership, PPP) einbezogen werden. Es geht dabei aber nicht um ein Geschäftsmodell, um eine Hochskalierung („upscaling") oder gar um Gewinninteressen, sondern darum, förderliche Bedingungen für Engagement zu schaffen und kollektive Selbstorganisationsformen abzusichern.

Wenn alternativwirtschaftliche Projekte beziehungsweise Postwachstumsökonomien nicht in einer absoluten Nische verbleiben sollen, ist es wichtig, Ansätze wie die CÖP in der Breite umzusetzen. In Reallaboren sollten Commons von Beginn an als Ziel angesehen und durch Experimente gemeingutbasierte Strukturen aufgebaut werden.

**Anmerkungen**
(1) Das Verbundprojekt „DoNaPart – Psychologisches und kommunales Empowerment durch Partizipation im nachhaltigen Stadtumbau" wurde von der Fachhochschule Dortmund (Verbundkoordination), dem Wuppertal Institut für Klima, Umwelt, Energie, dem Institut für Landes und Stadtentwicklungsforschung und dem Projekt „nordwärts" der Stadt Dortmund durchgeführt. Es ist im Förderschwerpunkt „Sozial-Ökologische Forschung" im Rahmen der Forschung für Nachhaltige Entwicklung durch das Bundesministerium für Bildung und Forschung gefördert.
www.projekt-donapart.de (2019)
(2) Helfrich, S./Bollier, D. (2019): Frei, fair und lebendig – die Macht der Commons. Die Autor(inn)en machen hier deutlich, dass Commons keine utopische Phantasie sind; vielmehr sind sie so alt wie die Menschheit, ihre Sichtbarkeit wird heute aber vom dominanten Marktdenken unterdrückt.

www.boell.de/sites/default/files/frei_fair_und_lebendig_die_macht_der_commons_helfrich_bollier_2019.pdf
(3) Wanner, M./Stelzer, F. (2019): Reallabore – Perspektiven für ein Forschungsformat im Aufwind. In: in brief – Wuppertaler Impulse zur Nachhaltigkeit (07/2019).
(4) Ein ähnlicher, wenn auch konventioneller Ansatz ist es, Menschen Ausgleichszahlungen für die Erhaltung und umweltverträgliche Nutzung der Natur anzubieten. Dies nennt sich „Payment for Ecosystem Services" (PES) und ist weltweit verbreitet, um Wälder, Sümpfe und Gewässer zu schützen.

**Wie macht der Postwachstumsansatz Raum gut?**
Alternative Wohlstandsmessung plus Postwachstums-Reallabore im ganzen Land.

**Zum Autor**
Benjamin Best, geb. 1984, ist seit 2012 wiss. Mitarbeiter in der Forschungsgruppe Zukünftige Energie- und Industriestrukturen am Wuppertal Institut und arbeitet im Forschungsfeld „Innovationen für einen nachhaltigen Strukturwandel". Er beschäftigt sich mit Energiesuffizienz, partizipativer Governance und der räumlichen Verankerung von Innovationsprozessen.

**Kontakt**
Dr. Benjamin Best
Wuppertal Institut für Klima, Umwelt, Energie gGmbH
E-Mail benjamin.best@wupperinst.org

Die Maker-Bewegung im Postwachstumsdiskurs

# Zwischen Do it yourself und Kommerzialisierung

**Makerspaces sind Innovationslabore für neue Technologien. Durch niedrigschwellige Angebote, geteilte Produktionsmittel und gleichberechtigte Teilhabe können sie nachhaltig wirken. Noch ist aber unklar, ob sie dazu beitragen können, die Wachstumslogik zu überwinden.**

*Von Matti Kurzeja und Britta Klagge*

In der Debatte über einen nachhaltigen Umgang mit natürlichen Ressourcen sowie Alternativen zu Wachstumsorientierung und kapitalistischer Wirtschaftspraxis rücken vermehrt Orte ins Interesse, in denen sich Postwachstumsprozesse räumlich abbilden. Eine relativ junge Bewegung ist um die sogenannten Makerspaces entstanden, die transformativen Praktiken des Austauschs, Teilens und gemeinsamen Nutzens dienen. Sie werden als „Experimentierräume" oder „Keimzellen" neuer und nachhaltiger Formen der Ökonomie diskutiert (vgl. S. 53 ff.).

Einen Ausgangspunkt von Debatten über transformative Praktiken zu nachhaltigeren Wirtschaftsformen bilden neue Fertigungstechnologien. Maschinen wie der 3-D-Drucker, beruhend auf dem Verschmelzen von IT- und Produktionstechnologien, verändern die Art, wie Menschen Dinge herstellen. Noch sind die Produktionsmöglichkeiten auf einige spezifische Bereiche begrenzt und sind – möglicherweise vergleichbar mit den Anfängen der Computerentwicklung – erst im Entstehen.

Einige Aktivist(inn)en und Wissenschaftler(innen) skizzieren in diesem Kontext die positive Vision einer neuen industriellen Revolution, einer Do-it-yourself-Revolution, in der miteinander kooperierende Menschen an gemeinschaftlich genutzten Produktionsstandorten Dinge herstellen. Makerspaces bezeichnen solche für jede(n) zugängliche und demokratisch organisierte Mini-Fabriken.

**Gemeinsam und selber machen**

Makerspaces dient als Überbegriff für all jene niedrigschwellig zugänglichen Orte, die sich der Kultur des Selbermachens (DIY) und Zusammenmachens (Do-it-together, DIT) unter Einsatz von aktueller Technik zuschreiben lassen. Von früheren DIY- und Eigenarbeitsinitiativen unterscheiden sie sich durch die eingesetzten und selbst entwickelten Technologien sowie durch die Möglichkeiten zur digitalen Kollaboration. So finden Austausch und gemeinsame Entwicklung nicht nur vor Ort statt, sondern über Social-Media-Plattformen auch zwischen verschiedenen Makerspaces. (1)

Ursprünge und Katalysatoren der Makerspaces sind die frühe DIY- sowie die Hacker-Bewegung, die Konzeption der Fabrikationslabore, kurz FabLabs (2), das seit 2005 erscheinende Magazin *Make* sowie die Festivals der Veranstaltungsreihe „Maker-Faires", auf denen Macher(innen) ihre Projekte und Kreationen präsentieren. Einige Makerspaces sind aus lokalen (Graswurzel-)Initiativen mit basisdemokratischen Strukturen entstanden oder wurden an bestehende Eigenarbeitsinitiativen angegliedert. Andere werden von Forschungseinrichtungen, Universitäten oder Unternehmen betrieben. Außerdem wird das Konzept zunehmend in Schulen und Bibliotheken integriert. Gemeinsam sind diesen Orten neben den geteilten Produktionsmitteln und einer niedrigschwelligen Zugänglichkeit einige Prinzipien, die das „Maker Movement Manifesto" unter den Überschriften „make", „share", „give", „learn", „tool up", „play", „participate", „support" und „change" (produziere, teile, gebe, lerne, rüste aus, spiele, nimm teil, unterstütze und verändere) beschreibt. (3)

Frei nach dem Motto „make (almost) anything" („Mache so gut wie alles selbst") wird in den Werkstätten probiert, gebastelt, geschraubt, gedruckt und gesägt. Die „DingFabrik" ist ein 2010 in Köln gegründeter Makerspace beziehungsweise FabLab und wird von circa 120 Vereinsmitgliedern betrieben (Stand Mitte 2019). Dem DIY-Prinzip unterliegen hier nicht nur die angebotenen Workshops oder Informationsveranstaltungen, sondern auch die basisdemokratische Organisation mit einem regelmäßigen Plenum. In den gemeinschaftlich betriebenen Räumlichkeiten finden sich neben einem Materiallager Bereiche zur Holz- und Metallverarbeitung auch ein Siebdruckbereich sowie Nähmaschinen und computergestützte Maker-Tools. So ermöglicht es der 3-D-Drucker, dreidimensionale Entwürfe durch das schichtweise Auftragen von Werkstoffen zu »materialisieren«, während die CNC-Fräse, eine mehrachsige computergesteuerte Maschine, mithilfe eines Fräskopfes Material von einem zu bearbeitenden Werkstück abträgt.

Was in der DingFabrik passiert, ist letztlich genauso vielfältig wie die verwendeten Rohstoffe und Produktionswerkzeuge: vom Fahrräderreparieren über Möbel- oder Musikinstrumentebauen bis zur Entwicklung komplexer technischer Geräte. Es gibt Kurse zum Umgang mit spezifischen Werkzeugen, produkt(ions)bezogene Arbeitsgruppen sowie Projekte, die explizit einen nachhaltigen Umgang mit Ressourcen thematisieren und entsprechende Unterstützung als „Hilfe zur Selbsthilfe" anbieten (z.B. Repair-Cafés). Dass Mitglieder der DingFabrik selbst die Maschinen wie Lasercutter und CNC-Fräsen gebaut haben, verdeutlicht, wie sich durch Vernetzung und Open-Source-Konzeptionen innerhalb der Maker-Szene auch komplexe Projekte umsetzen lassen. Finanziert wird die DingFabrik größtenteils durch Mitgliedsbeiträge; wie in vielen Makerspaces spielen darüber hinaus auch Spenden, öffentliche Förderungen, Sponsoring und Einnahmen aus Veranstaltungen eine Rolle.

### Strukturen und Potenziale der Maker-Bewegung

Makerspaces unterscheiden sich hinsichtlich der ihnen zugrunde liegenden Organisationsformen, Ausstattungen und Motive: von Lernräumen über Orte der selbstermächtigten DIY-/DIT-Produktion bis hin zu staatlich geförderten „Innovationslaboren"; von ehrenamtlicher und basisdemokratischer Organisation bis hin zu klassisch-unternehmerischen Hierarchien. Gemeinsam ist allen die Idee des Selbermachens in und mit der Gemeinschaft, online wie offline.

Wie aber ist die Maker-Bewegung im Postwachstumsdiskurs einzuordnen? Auch wenn Makerspaces bisher nur ein Nischendasein führen, wird mit ihnen doch die Hoffnung verbunden, dazu beizutragen, transformative Praktiken zu entwickeln und Wege zu einer nachhaltigen Postwachstumsökonomie aufzuzeigen. Smith stellt beispielsweise die These auf, dass die Aktivitäten in Makerspaces Partizipation,

> **Gemeinsam ist allen Makerspaces die Idee des Selbermachens in und mit Gemeinschaft, online wie offline.**

Offenheit und Gemeinschaft erleichtern und transformative soziale Innovationen hervorbringen können. (1) Sie befördern eine Demokratisierung von Produktion und Innovation, indem sie Personen eine gleichberechtigte Teilhabe an – beziehungsweise Zugang zu – Produktionsmitteln und Wissen ermöglichen, die zuvor keinen Zugang hatten. Allerdings belegen Umfragen und Forschungsarbeiten, dass Nutzer(innen) von Makerspaces (bisher) überdurchschnittlich häufig weiß, männlich und gut ausgebildet sind. Initiativen wie feministische Hackerspaces oder inklusive Makerspaces zeigen hingegen Wege auf, wie Exklusionen bereits in der Konzeptionsphase berücksichtigt werden können.

Darüber hinaus werden Makerspaces als Lernräume diskutiert, in denen sich Wissen kreativ und spielerisch erwerben lässt, gefördert durch das gemeinschaftliche Arbeiten, gegenseitige Hilfestellungen und Angebote wie Workshops oder Arbeitsgruppen. Making hat laut Martin auch Potenzial für die Bildung, die das Kennenlernen und die Vermittlung von Werten und Überzeugungen der Gemeinschaft sowie eine positive Kultur des Scheiterns einschließt. (4)

### Alternative zur Konsumgesellschaft?

Im Kontext transformativer Wirtschaftspraxis implizieren Makerspaces weitere Potenziale, Projektionen und Hoffnungen. Nachhaltigkeitsdebatten fokussieren auf einen durch dezentrale Fertigungsprozesse reduzierten Transportaufwand respektive $CO_2$-Ausstoß sowie eine durch Reparatur und Wiederverwendung verlängerte Lebensdauer von Produkten. Allerdings sind dezentrale und individualisierte Produktion nur unter einer Reihe von Voraussetzungen nachhaltig. (5)

Offen ist auch, inwieweit Makerspaces einen Beitrag zur Überwindung der kapitalistischen Wachstumslogik leisten können. Neben der Frage, was, von wem und wie viel dort tatsächlich produziert wird, spielen auch sich verändernde Organisationsformen eine Rolle. So definieren sich viele Makerspaces als gemeinschaftsökonomische Freiräume zum Selbermachen und als Alternative zur Konsum- und Wegwerfgesellschaft, jenseits von unternehmerischen Hierarchien und kommerzieller Verwertungslogik. Gleichzeitig zeugen vielfältige Initiativen, Förderungen oder Beteiligungen von staatlichen Einrichtungen und Unternehmen davon, dass „Making" auch als Möglichkeit gesehen wird, um Innovationen und letztlich das Wirtschaftswachstum zu fördern.

Dass auf Kooperation und Teilen basierende Geschäftsmodelle großes wirtschaftliches Potenzial besitzen, offenbaren viele Beispiele der Sharing Economy sowie nicht zuletzt die Kommerzialisierung von Projekten der Maker-Bewegung (vgl. S. 66 ff.). Das „RepRap"-Projekt, das die Entwicklung eines freien, preiswerten und einfach nachzubauenden 3-D-Druckers („Replicator") zum Ziel hatte, wandelte sich von einer ehemals gemeinnützigen Stiftung zu „MakerBot Industries". In der neuen Organisationsform wurde der 2012 folgende „Replicator II" nicht mehr als Open Source veröffentlicht und die Produktion inzwischen nach China verlagert. Solche Entwicklungen lassen sich nur schwerlich mit dem Anspruch von Nachhaltigkeit und einer echter Demokratisierung der Produktion in Einklang bringen.

Ob die Produktion in Makerspaces über politisch-ökologische Debatten und eine Marktnische hinaus ökonomisch relevant sein wird, hängt nicht zuletzt davon ab, wie sie sich organisieren und wer und wie viele sich in ihnen engagieren (vgl. S. 60 ff.). Bei der Einbindung verschiedener Akteurinnen und Akteure mit unterschiedlichen und teilweise widersprechenden Zielen und Interessen bleibt zudem offen, inwieweit sich dabei nachhaltige und transformative Praktiken oder eher Innovationslabore für mehr Wirtschaftswachstum entwickeln beziehungsweise es sogar zur Kommerzialisierung solcher Experimentierräume kommt.

**Anmerkungen**
(1) Smith, A. (2017): Social Innovation, Democracy and Makerspaces. SWPS (2017/10).
(2) Gershenfeld, N. (2012): How to Make Almost Anything. The Digital Fabrication Revolution. In: Foreign Affairs (91/6), S. 43-57.
(3) Hatch, M. (2013): The Maker Movement Manifesto: Rules for Innovation in the New World of Crafters, Hackers and Tinkerers. New York.

(4) Martin, L. (2015): The promise of the maker movement for education. In: Journal of Pre-College Engineering Education Research (J-PEER) (5.1/4).
(5) Petschow, U. et al. (2014): Dezentrale Produktion, 3D-Druck und Nachhaltigkeit. Trajektorien und Potenziale innovativer Wertschöpfungsmuster zwischen Maker-Bewegung und Industrie 4.0. Schriftenreihe des IÖW (206/14). Berlin.

**Wie macht der Postwachstumsansatz Raum gut?**

a) Dadurch, dass Postwachstumsansätze Raum für eine solidarische und nachhaltige Ökonomie schaffen.

b) Indem er hilft, Strategien für lebenswerte Räume und eine nachhaltige Zukunft zu entwickeln.

**Zu den Autor(inn)en**

a) Matti Kurzeja, geb. 1991, ist Masterstudent der Geographie an der Universität Bonn. In seiner Bachelorarbeit hat er sich mit Makerspaces in NRW beschäftigt. Er engagiert sich in unterschiedlichen selbst organisierten soziokulturellen und politischen Projekten im Sinne der DIY-Kultur.

b) Britta Klagge, geb. 1965, ist Professorin für Geographie an der Universität Bonn und leitet die Arbeitsgruppe Wirtschaftsgeographie. Ihre Forschungsschwerpunkte liegen in der geographischen Energie- und Infrastrukturforschung, in der Finanzgeographie und kritischen Kapitalismusforschung.

**Kontakte**

Matti Kurzeja
E-Mail matti.kurzeja@posteo.de

Prof. Dr. Britta Klagge
Universität Bonn
E-Mail klagge@uni-bonn.de

Transformative Planungspraktiken

# Katalysator für den Wandel

**In der Planungspraxis stehen ökonomische oft vor sozialen Interessen. Auch institutionelle und administrative Hürden beschränken den Handlungsspielraum. Transformative Aktionen in der Raumplanung sind wichtig, denn sie sprengen Grenzen und schaffen Möglichkeitsräume für Postwachstum.**

*Von Viola Schulze Dieckhoff*

───── Die wachstumskritischen Diskurse in der räumlichen Planung führen zur Frage, wie räumliche Planung sich verändern muss, um zukunftsfähig zu sein. Für eine Zukunft, die geprägt ist von Klimawandel, globaler Migration, sozioökonomischen Transformationen sowie politischen Unruhen. Für eine Zukunft, die schon heute nach Handlungsgrundlagen und Wertmaßstäben jenseits von ökonomischem Wachstum sucht. Stadtplaner(innen) können selbst in Möglichkeitsräumen transformativ aktiv werden, anstatt nur passiv zu beobachten oder gar Wandel zu verhindern. Die Postwachstumsperspektive bietet positive Zukunftsbilder einer Postwachstumsplanung (vgl. S. 28 ff.), die konsequent das gute Leben für alle und eine nachhaltige Entwicklung in den Mittelpunkt stellt. Planer(innen) nehmen darin eine zentrale Stellung ein: als proaktive Leiter(innen) von Experimenten, Laboren und sozialen Innovationen. Planung selbst wird zum ko-kreativen Lernprozess, der auf Basis demokratischer und gerechter Entscheidungen nachhaltige Entwicklungen gestaltet.

Transformative Praktiken verändern auch in der Planung nicht nur die gesetzlichen Handlungsgrundlagen oder die Ressourcenverteilung, sondern in erster Linie die vorherrschenden Diskurse und Werte. (1) Letztere sind maßgeblich für strukturelle Transformationsprozesse, da sie herkömmliche Grenzen überschreiten und an ihrer Stelle physische, mentale und soziale Möglichkeitsräume entstehen. Diese sind Schutzräume für Planer(innen) (2), um Neues zu denken und zu erproben. Alle, die raumbezogen handeln – nicht nur offizielle Verwaltungsplaner(innen) –, sind dort Planer(innen). Möglichkeitsräume sind „Katalysatoren-Orte[n] der Nachhaltigkeit" (2) und einer Postwachstumsgesellschaft, ein Produkt und zugleich Ausgangspunkt transformativer Planungspraktiken.

**Nachholbedarf in der Planung**
Planung kommt seiner innovativen Funktion in den Stadtplanungsämtern aktuell nur kleinteilig nach. Trotz der nachweislichen Unzulänglichkeit im Transformationsprozess ist in Deutschland eine fortschreitende Formalisierung der Planung und ein Fokus auf rein technische und formelle Planungspraktiken bei der Analyse, Koordination und Durchführung von Planungen zu beobachten. (3) Planer(innen) setzen in ihrem Alltag hauptsächlich auf rechtsgültige Pläne, die in formalisierten Verfahren erarbeitet und im Rahmen von formalisierten Partizipationsprozessen legitimiert werden. Doch beschreiben sich Planer(innen) gerade in privaten Gesprächen oft als machtlos gegenüber Stadtratsbeschlüssen, die an privatwirtschaftliche Einzelinteressen gebunden sind.
Strategisch-informelle Konzepte und Leitbilder für die Stadtentwicklung sind bisher eine zwar hilfreiche, dennoch unzureichende Ergänzung, da soziale Forderungen ökonomischen Belangen in der Abwägung oft nicht standhalten. Sowohl technische Planungspraktiken als auch kommunikative und mediative Praktiken, die den Bestand bewahren, Herausforderungen bewältigen oder Neues adaptieren, sind zwar geeignet zur Förderung der Resilienz unserer Städte. Für einen notwendigen Transformationsprozess, also einen grundsätzlichen Systemwandel, bedarf es aber des vermehrten Einsatzes transformativer Praktiken. (3)
An der Schnittstelle von Transformation und räumlicher Planung fehlt es jedoch an Forschungsarbeiten und ermutigenden Handlungsleitfäden für Planer(innen), obgleich ein steigendes Interesse aus den Kommunalverwaltungen konstatiert wird. (3) Hilfreiche Arbeiten sind in der Transformationsforschung, der Commons-For-

schung, im sozialökologischen Design und in der Reallabor-Forschung zu finden. Die Studien sind oft auf die lokalen Strukturen und das Experiment als einzelnes Projekt beschränkt. Die nachhaltige Diffusion der Erkenntnisse wird dabei nur ungenügend einbezogen. Auch Fragen nach der demokratischen Legitimation und der Rolle der Verwaltungsplaner(innen) werden noch unzureichend betrachtet. (1, 4) Es ist essenziell, transformative Planungspraktiken für die verschiedenen Prozessphasen, -aufgaben und Planungsakteurinnen und -akteure zu differenzieren.

**Bewusstes Grenzüberschreiten**
Im Jahr 2019 adressierten mehrere bedeutende Konferenzen, bei denen Forschung, Zivilgesellschaft und Praxisnetzwerke aufeinandertrafen, notwendige Veränderungen von Stadt- und Raumentwicklung vor dem Hintergrund von Postwachstum. Beim 15. Tag des Bunds Deutscher Architekten, bei der Konferenz „Postwachstumsstadt" der Bauhaus-Universität Weimar oder beim Jahreskongress „Postwachstum und Transformation" der Akademie für Raumentwicklung in der Leibniz-Gemeinschaft (ARL) wurde das vorherrschende Wachstumsparadigma von traditionell raumbedeutsamen Vereinigungen infrage gestellt. So auch bei der Abschlusskonferenz „Great Transformation" der DFG-Kollegforscher(innen)gruppe „Postwachstumsgesellschaften" aus Jena, beim Deutschen Kongress für Geographie 2019 oder bei den 3. Bergischen Klimagesprächen „Bewegen – Zukunftskunst und nachhaltige Mobilität".

Vor und während des ARL-Kongresses wurden einige Planungswissenschaftler(innen) und -praktiker(innen) befragt, was Postwachstum für sie bedeutet. Die exemplarischen Statements gewähren einen Blick auf Grenzen im Planungssystem und mögliche Grenzüberschreitungen durch Postwachstum. (5) So können sich viele nur eingeschränkt Planung als unabhängig von jeglicher Art des Wachstums vorstellen. Wachstum wird oft mit Entwicklung und Postwachstum mit Schrumpfung und/oder Stillstand gleichgesetzt. Grundsätzlich besteht jedoch ein Einvernehmen darüber, dass eine unreflektierte Wachstumsorientierung und damit herkömmliche Erfolgskriterien, Planungsstrategien und Governancestrukturen bei raumbezogenen Entscheidungen und Handlungen im Sinne des Gemeinwohls oft zu kurz greifen. Planer(innen) hoffen auf neue, kollektive Visionen, gerechte Kriterien und einen

Bewusstseinswandel („Mindshift") weg vom ökonomischen Wachstumsfokus. Einige sehr alternative Postwachstumsdiskurse stehen jeglicher Art von (öffentlicher) Planung kritisch gegenüber. Andere verweisen auf die Nachhaltigkeitspotenziale von Urban Commons und gemeinschaftlich organisierten Ressourcen als notwendige Ergänzung zu marktbasierter und staatlicher Planung. Die Vorstellungen von räumlich Planenden und Planungspraktiken gehen über herkömmliche institutionelle Grenzen und Regelwerke hinaus.

Zudem bestand Einigkeit darüber, dass auch viele unserer gegenwärtig adressierten Ressourcenkonflikte sich kaum innerhalb kommunaler Grenzen lösen lassen. Sie können allemal in Stadtregionen angegangen und vor dem dynamischen Hintergrund globaler Prozesse gedacht werden. Die Verbindung von Postwachstum und Planung erkennt dies an und orientiert sich anstelle von Raumkategorien an Prosument(inn)en – an Menschen als Konsument(inn)en und zugleich Produzent(inn)en von Ressourcen.

Dialogisch-künstlerische Formate machen nicht nur Grenzen von herkömmlicher Planung deutlich. Aus ihnen resultierten auch erste Bilder, Postulate und Veröffentlichungen für eine veränderte Planung. Um einen gemeinsamen, kreativen Schaffensprozess zu initiieren, nutzten die genannten Konferenzen transformative Aktionen und Formate wie Fishbowl-Diskussionen, deren Verlauf das Publikum mitsteuern kann, Poetry-Slams, Theater und kollaborative Kunstwerke. Transformative Aktionen meinen in dem Fall interventionistische Handlungen, die an einem gesellschaftlichen Problem ausgerichtet sind und transformative Praktiken anregen sollen. Derzeit werden sie vor allem von räumlich Planenden außerhalb der Verwaltungsplanung initiiert. Ein Beispiel ist das Kollektiv Freiraumgalerie in Halle (Saale), das Urban Art als Zugang zur Raumentwicklung nutzt und ein bürgerschaftliches Quartierskonzept in Kooperation mit der Stadt erarbeitet hat.

## Blick über den Tellerrand

Transformative Aktionen schaffen mittels künstlerisch-experimenteller Formate Möglichkeitsräume und katalysieren Veränderungsprozesse, da begrenzende Routinen und Alltagsperspektiven gestört werden und der Blick über den Tellerrand notwendig wird. Der gemeinsame Perspektivwechsel, die Diskussionsoffenheit und die spielerische Neugier aller räumlich Planenden machen so mentale, institutionelle und administrative Grenzüberschreitungen (6) und das dauerhafte Herausbilden transformativer Praktiken möglich. Stadtplaner(innen) können durch transformative Aktionen und Praktiken selbst Möglichkeitsräume schaffen, in denen kritische Fragen diskutiert, gemeinsame Lernprozesse gestaltet und damit Grenzüberschreitungen unsanktioniert möglich werden. Transformative Planungspraktiken könnten damit auch wieder ein gleichberechtigter Bestandteil des Planungsalltags von Planer(inne)n der Stadtverwaltungen werden.

**Anmerkungen**
(1) Albrechts, L./Barbanente, A./Monno, V. (2019): From stage-managed planning towards a more imaginative and inclusive strategic spatial planning. In: Environment and Planning C: Politics and Space (8/2019).
(2) Kagan, S./Kirchberg, V./Weisenfeld, U. (2019): Stadt als Möglichkeitsraum – Möglichkeitsräume in der Stadt: Eine Einführung. In: Kagan, S./Kirchberg, V./Weisenfeld, U. (Hrsg.): Stadt als Möglichkeitsraum: Experimentierfelder einer urbanen Nachhaltigkeit. Bielefeld, S. 15-36.
(3) Othengrafen, F./Levin-Keitel, M. (2019): Planners between Chairs: How Planners (Do Not) Adapt to Transformative Practices. In: Urban Planning (4/2019), S. 111-125.
(4) Von Wirth, T. et al. (2019): Impacts of urban living labs on sustainability transitions: mechanisms and strategies for systemic change through experimentation. In: European Planning Studies (2/2019), S. 229-257.
(5) https://youtu.be/eIBwPbvo5Z0; https://youtu.be/uN7IVaHRP2I
(6) Van Mourik Broekman, A. et al. (2019): The impact of art: Exploring the social-psychological pathways that connect audiences to live performances. In: Journal of Personality and Social Psychology: Interpersonal Relations and Group Processes (6/2019), S. 942-965.

**Wie macht der Postwachstumsansatz Raum gut?**
Er ermutigt zur transformativen Aktion, die das Wachstumsmantra unterbricht und alternative Erfolge ermöglicht.

**Zur Autorin**
Viola Schulze Dieckhoff, geb. 1985, ist wiss. Mitarbeiterin an der Fakultät Raumplanung der TU Dortmund. Sie forscht zu Postwachstumsplanung, transformativen Aktionen und Gemeingütern und ist aktiv im Arbeitskreis Postwachstumsökonomien der ARL sowie im Die Urbanisten e. V. und im Wall and Space e. V.

**Kontakt**
Viola Schulze Dieckhoff
E-Mail v.schulzedieckhoff@dieurbanisten.de

# Impulse

## Projekte und Konzepte

### Degrowth Konferenzen
**Szenetreffs 2020**

Manchester und Wien sind in diesem Jahr Schauplätze zweier Postwachstumskonferenzen. Die 7. internationale Postwachstumskonferenz in Manchester trägt 2020 den Titel „Building Alternative Livelihoods in times of ecological and political crisis" (Aufbau alternativer Lebensgrundlagen in Zeiten ökologischer und politischer Krisen). Die Konferenz hat zum Ziel, Akademiker(innen) aus der Degrowth-Community mit Vertreter(inne)n der Ökologischen Ökonomie zusammenzubringen und Stimmen aus dem Globalen Süden und Norden, der Zivilgesellschaft, von Aktivist(inn)en, Künstler(inne)n und politischen Entscheidungsträger(inne)n Gehör zu verschaffen. Das Zusammentreffen soll inter- und transdisziplinären Dialog sowie soziale Bewegungen anregen und Themen wie ökologische und soziale Gerechtigkeit, Mobilisierung zur Transformation und politische Umsetzbarkeit behandeln. Die Veranstaltung findet vom 1. bis zum 5. September 2020 statt und wird vom internationalen Degrowth-Netzwerk und der wissenschaftlichen Vereinigung „International Society for Ecological Economics" ausgetragen.

In Wien veranstaltet der Verein Degrowth Vienna zusammen mit zahlreichen lokalen Forschungseinrichtungen und der Internationalen Karl Polanyi Gesellschaft die Konferenz „Degrowth Vienna 2020: Strategies for Social-Ecological Transformation" (Degrowth Wien 2020: Strategien für die sozialökologische Transformation). Die Teilnehmenden analysieren historische und aktuelle Transformationsprozesse und Strategien in verschiedenen Praxisfeldern wie Mobilität, Energie und Arbeit. Die Konferenz will eine internationale Perspektive auf Postwachstum mit einem lokalen Bezug zur österreichischen Hauptstadt verknüpfen und findet voraussichtlich vom 29. Mai bis zum 1. Juni 2020 statt. (st)

Links: www.degrowth.info/en/2019/04/manchester-will-host-the-next-international-degrowth-conference-in-2020;
www.degrowthvienna2020.org

### Interaktive Onlineplattform
**Kartierte Zukunftsfähigkeit**

Welche Initiativen gibt es, die sich für eine sozialökologisch gerechte Welt einsetzen? Wo finden Events mit Nachhaltigkeitsbezug statt? Und welche Unternehmen in meiner Region haben einen alternativen

Geschäftsansatz? Antworten auf diese Fragen und einen Überblick, was in der eigenen Stadt los ist, bietet die „Karte von morgen". Es handelt sich um eine interaktive Onlinekarte, die alle Nutzer(innen) nach dem Wiki-Prinzip gestalten und Initiativen, Events und Unternehmen in Deutschland bewerten können. Je mehr positive Aspekte ein Eintrag hat, umso größer wird er auf der Karte angezeigt und umso mehr zieht er die Aufmerksamkeit der Interessierten auf sich. Die Einträge reichen von Biohöfen über Spendenboxen hin zu freien Bildungsinitiativen. Die Initiator(inn)en hinter der Karte von morgen legen Wert auf transparente und offene Software und haben den Quellcode des Gemeinschaftsprojekts veröffentlicht. (st)

Link: https://kartevonmorgen.org

Blog Postwachstum
**Informieren, experimentieren, diskutieren**
Es gibt keinen Masterplan für den Weg in die Postwachstumsgesellschaft. Nötig sind viele kleine Schritte, mutige Experimente sowie selbstkritische Reflexion und Diskussion. Eine Plattform für diese Aushandlungsprozesse bietet der Blog Postwachstum. In der Rubrik „Standpunkte" können unterschiedliche Akteurinnen und Akteure ihre Positionen kundtun und zur Debatte stellen. Der Blog informiert außerdem über Neuigkeiten aus der Wissenschaft und weist auf Veranstaltungen und neue Publikationen aus dem breiten Themenspektrum Postwachstumsgesellschaft hin.
Entstanden ist das Projekt auf Initiative von Angelika Zahrnt und Irmi Seidl, die anlässlich ihrer Buchpublikation „Postwachstumsgesellschaft – Konzepte für die Zukunft" aus dem Jahr 2010 einen kleinen Debattenblog starteten. Mittlerweile haben sich über 200 Autor(inn)en aus Zivilgesellschaft, Politik, Wissenschaft und Wirtschaft beteiligt. Heute ist der Blog ein redaktionelles Gemeinschaftsprojekt vom Institut für ökologische Wirtschaftsforschung, der Vereinigung für ökologische Wirtschaftsforschung und dem Wuppertal Institut für Klima, Umwelt und Energie. (st)

Link: www.postwachstum.de

Offene Werkstätten
**Einfach selbst machen**
Das Bein vom Holzstuhl wackelt schon lange, aber für die Reparatur fehlt eine eigene Werkstatt? Die Naht an der Handtasche löst sich, doch Expertise im Nähen ist nicht vorhanden? Offene Werkstätten bieten den nötigen Raum und die produktive Infrastruktur, um eigene Projekte zu verwirklichen und in Austausch mit anderen Tüftlerinnen und Bastlern zu kommen und voneinander zu lernen. Außerdem machen sie unabhängig von industrieller Produktion und stärken lokal verankertes Know-how. Hier wird geteilt, was fürs Selbermachen nötig ist, sowohl Wissen und Materialien als auch Werkzeuge, Maschinen und Räu-

me. Einen Überblick über bestehende Offene Werkstätten insbesondere in Deutschland bietet die Website vom Verbund Offener Werkstätten.

Einer der gelisteten Ort ist der „Hobbyhimmel" in Stuttgart. Der Grundgedanke ist, Müll zu vermeiden, die Lebensdauer von Dingen zu verlängern, Ressourcen durch das Teilen von Werkzeugen und Materialien zu sparen und sich selbst als wirkungsvollen Teil einer produktiven Gemeinschaft zu begreifen. Gegen eine geringe Gebühr hat jede(r) die Möglichkeit, an geeigneten Arbeitsplätzen seine Ideen in den Werkbereichen Holz, Metall, Elektro, Textil, Farben, Drucken, Fahrrad und FabLab umzusetzen. Überschüsse fließen in den gemeinnützigen Verein zur Verbreitung Offener Werkstätten (VVOW), der den Aufbau weiterer offener Arbeitsstätten unterstützt. (st)

Links: www.offene-werkstaetten.org; https://hobbyhimmel.de

## Global Degrowth Day
**Gutes Leben für alle**
Beim nächsten globalen Degrowth Day am 6. Juni 2020 haben Engagierte auf der ganzen Welt wieder die Chance, mithilfe von kreativen Formen Wachstumskritik zu üben und alternative Lebens- und Wirtschaftsweisen zu diskutieren oder vorzuleben. Eigene Aktionen können ganz einfach online registriert werden und sind anschließend auf einer Aktionskarte für andere Interessierte sichtbar. Wer nach Inspiration oder Hilfestellung sucht, kann auf dem Degrowth-Webportal auf eine Ideensammlung und einen Leitfaden zur Veranstaltungsorganisation zurückgreifen.

Im vergangenen Jahr fanden weltweit über 50 Veranstaltungen statt: vom Picknick in San Salvador über Yoga in Lund hin zu Filmvorführungen in Berlin. (st)

Link: www.degrowth.info/de/globalday/participate

## Reparatur-Initiativen
**Wo geht's zum nächsten Repair-Café?**
Egal ob elektrische oder mechanische Haushaltsgeräte, Fahrräder oder Spielzeug: Defekte Alltagsgegenstände lassen sich in Repair-Cafés und anderen Reparatur-Treffs wieder zu neuem Leben erwecken. An welchen Orten in Deutschland und Österreich es solche Initiativen gibt, wie man selbst eine gründen kann und welche Veranstaltungen angeboten werden, lässt sich auf der Website vom Netzwerk Reparatur-Initiativen nachlesen.

Bei den Repair-Cafés geht es nicht nur ums gemeinsame Reparieren. Mit ihnen wird Raum für sozialen Austausch bei Kaffee und Kuchen geschaffen und die lokale Gemeinschaft zu selbstständigem Handeln außerhalb der kommerziellen Sphäre ermächtigt. Während der ehrenamtlich getragenen Treffs tauschen Helfer(innen) und Reparierende freiwillig und unentgeltlich ihr Wissen und Können aus. Die Plattform wird von der „anstiftung" betreut. Die Stiftung fördert, vernetzt und erforscht Räume und Netzwerke des Selbermachens, neben Reparatur-Initiativen zum Beispiel auch urbane Gärten und Offene Werkstätten. Die Internetplattform Repair-Café bietet ebenfalls auf einer interaktiven Karte einen Überblick über bestehende Initiativen. Aufgeführt sind über 2.000 Repair-Cafés weltweit. (st)

Links: www.reparatur-initiativen.de; www.anstiftung.de; https://repaircafe.org

Messeformat zum nachhaltigen Bauen
**Deutschlandpremiere der „Building Green"**
Die Baubranche emittiert große Mengen $CO_2$ und ist weit davon entfernt, klimafreundlich zu sein. Die skandinavische Konferenz, Messe und Networking-Plattform „Building Green" hat den Anspruch, über Architektur und nachhaltiges Bauen zu informieren und eine Community zum Thema aufzubauen. Architekt(inn)en, Planer(inne)n, Bauingenieur(inn)en sowie Entscheider(inne)n aus dem öffentlichen Auftragswesen bietet die Veranstaltung einen Mix aus Ausstellung, Vorträgen von nationalen und internationalen Referent(inn)en sowie Podiumsdiskussionen. Die Themen reichen von nachhaltigen Baumaterialien und Innenraumklima über Wohn- und Lebensqualität in Gebäuden und Gebäudeästhetik bis hin zu sozialer Nachhaltigkeit, Städteentwicklung und Kreislaufwirtschaft. Erstmals findet das Format dieses Jahr auch in Deutschland statt.

Voraussichtlich vom 3. bis 4. Juni 2020 wird die Building Green in der Hamburger Fischauktionshalle und vom 14. bis 15. Oktober 2020 im Münchner MVG-Museum ausgetragen. Im Jahr 2019 besuchten 8.000 Fachleute die Building Green in Kopenhagen. (st)

Link: https://buildinggreen.eu

BENU Village
**Kreislaufwirtschaft im Ökodorf**
Wie können Produkte durch Upcycling vor dem Wegwerfen bewahrt werden? Ist eine Produktion ohne neuen Ressourcenverbrauch möglich? Mit solchen Fragen beschäftigt sich der Verein BENU Village im luxemburgischen Esch an der Alzette. Außerdem begleitet er die Vorbereitung, Konzeption, Kommunikation und den Bau des gleichnamigen Ökodorfs. Alle angebotenen Produkte und Leistungen entsprechen der BENU-Charta, die Transparenz, soziale Verantwortung, lokale Produktion und ökologische Exzellenz vorschreibt. Zu den Angeboten des Upcycling-Dorfs zählen zum Beispiel lokales Essen, das lediglich aus Lebensmitteln, die anderenfalls entsorgt worden wären, zubereitet wird, und sozialverantwortliche Kleiderherstellung. Die Idee für das erste Ökodorf in der Großregion Luxemburg, das sich der sozioökologischen Kreislaufwirtschaft verschrieben hat, entstand 2015. (st)

Link: http://benu.lu/de

## Medien

**Konzeptwerk Neue Ökonomie/DFG-Kolleg Postwachstumsgesellschaften (Hrsg.): Degrowth in Bewegung(en)**
Was haben die Bewegung 15M in Spanien, die Ökodorf-Bewegung und Post-Development gemeinsam? Sie alle suchen einen Weg zur sozialökologischen Transformation. Sie sind nur drei Beispiele aus einem breiten Spektrum von Bewegungen, die zusammen ein Mosaik aus möglichen Alternativen zum heutigen System bilden. Das Projekt „Degrowth in Bewegung(en)" hat sich zum Ziel gesetzt, einen Teil dieses Mosaiks abzubilden. Entstanden ist dabei eine spannende und aufschlussreiche Sammlung von Texten, die von den Herausgeber(inne)n miteinander in Beziehung und in einen größeren Kontext gestellt werden.

Den Ausgangspunkt bildet die Degrowth-Bewegung mit ihrer Kritik an der kapitalistischen Produktionsweise. Sie setzt sich ein für bedürfnisorientierte Formen des Wirtschaftens und der gesellschaftlichen Selbstorganisation, die ein gutes Leben für alle ermöglichen und die ökologischen Lebensgrundlagen erhalten. In welchen anderen Bewegungen spielt Degrowth eine Rolle? Und wie kann der Kampf für eine bessere Welt gemeinsam geführt werden? Diesen Fragen versucht sich das Projekt (neben dem Buch gibt es eine Multimedia-Publikation im Internet) zu nähern. Aktive aus 32 Bewegungen haben Texte beigesteuert, in denen jeweils die Kernideen und Aktivitäten skizziert sowie Gemeinsamkeiten, Unterschiede und zukünftige Perspektiven in der Zusammenarbeit mit Degrowth herausgestellt werden. Darunter sind unter anderem auch Care Revolution, Demonetarisierung oder die Tierrechtsbewegung.

Die Fragen an die Autor(inn)en bedingen, dass die Texte sich alle auf einer theoretischen Ebene bewegen. Aufgrund der Nähe einiger Bewegungen wiederholen sich naturgemäß einige Themen und Analyseansätze. Je nach Vorwissen können die Leser(innen) aber gezielt einzelne Kapitel aussuchen und andere überspringen. Doch selbst für langjährige Aktivist(inn)en wird etwas Neues dabei sein. Wer sich intensiver mit einer bestimmten Bewegung beschäftigen möchte, bekommt Lesetipps an die Hand.

Die Herausgeber(innen) möchten einen Dialog fortführen, der die Bewegungen als Ganzes stärkt. Herausgearbeitet werden sowohl Unterschiede im Bezug auf die Strategien oder das Verhältnis zum Kapitalismus als auch Gemeinsamkeiten wie Bedürfnisorientierung oder die Forderung nach globaler Gerechtigkeit. Im Mittelpunkt stehen das gegenseitige Verständnis und die (selbst)kritische Reflexion. Die Leser(innen) bekommen dabei einen umfassenden Einblick in verschiedene Kämpfe und vielfältige Ansatzpunkte für das eigene Handeln.

*(Regine Beyß)*

Konzeptwerk Neue Ökonomie/DFG-Kolleg Postwachstumsgesellschaften (Hrsg.): Degrowth in Bewegung(en). 32 alternative Wege zur sozial-ökologischen Transformation. oekom, München 2017, 416 S., 22,95 €, ISBN 978-3-86581-852-2

Die Rezension ist erstmals erschienen in *CONTRASTE – Monatszeitung für Selbstorganisation*.

**Kagan, S./Kirchberg, V./Weisenfeld U. (Hrsg.): Stadt als Möglichkeitsraum**

Die Urbanisierung boomt – damit einhergehen ein erhöhter individualisierter Verkehr und verschlechterte Luftqualität, Flächenversiegelung und Schwund von Biodiversität, immer größere Müllberge und sich verschärfende Disparitäten zwischen Arm und Reich. Der städtische Raum ist aber auch Experimentierfeld für Formen urbaner Nachhaltigkeit und Nährboden für zivilgesellschaftliche Initiativen. Wie nachhaltige Stadtentwicklung funktionieren kann und welche Rolle gerade kulturell-künstlerische sowie kreativ-innovative Initiativen und Projekte für das Gelingen spielen, haben Wissenschaftler(innen) der Leuphana Universität Lüneburg von 2015 bis 2018 empirisch und exemplarisch in der Stadt Hannover untersucht. Die vom Niedersächsischen Ministerium für Wissenschaft und Kultur und von der Volkswagen-Stiftung geförderte Studie mündete in dem knapp 400-seitigen Band „Stadt als Möglichkeitsraum".

Das Buch besteht aus den zwei Hauptteilen „Institution" und „Imagination". Die Titel weisen bereits auf einen zentralen Untersuchungsgegenstand hin: das Verhältnis zwischen institutionellen Rahmenbedingungen und Zukunftsvisionen der Zivilgesellschaft. Die Forscher(innen) möchten unter anderem die Fragen beantworten, welche Mechanismen und Institutionen für nachhaltige Stadtentwicklung auf welcher Ebene der Stadt förderlich oder hinderlich sind. Eine der Erkenntnisse: Die zivilgesellschaftlichen Akteurinnen und Akteure in den kreativ-künstlerischen Nischen Hannovers haben als Change Agents für urbane Nachhaltigkeit großes Potenzial, die Logik des marktorientierten Wachstums aufzubrechen. Die Autor(inn)en empfehlen der städtischen „Regime-Ebene" (u.a. Verwaltung und Politik), die Bedeutung dieser Schlüsselfiguren anzuerkennen und sich künftig stärker mit ihnen zu vernetzen. Insgesamt bietet das Buch interessante interdisziplinäre Perspektiven und fundierte, kritische Analysen des komplexen Zusammenspiels sozialer, ökologischer, ökonomischer und kultureller Dimensionen der Stadtentwicklung. (st)

Kagan, Sacha/Kirchberg, Volker/Weisenfeld, Ursula (Hrsg.): Stadt als Möglichkeitsraum. Experimentierfelder einer urbanen Nachhaltigkeit. transcript, Bielefeld 2019, 396 S., 39,99 €, ISBN 978-3-8376-4585-9

### Brocchi, D.: Große Transformation im Quartier

Klimawandel, Energiewende, Verkehrswende, ... die Herausforderungen der Zukunft denken wir oft auf einer sehr abstrakten, globalen Ebene. Doch betroffen sind wir letztlich vor allem dort, wo wir leben – und das heißt für einen großen Teil der deutschen Bevölkerung: in der Stadt, konkret im eigenen Quartier. Denn dort liegt der Lebensmittelpunkt, hier findet das Alltagsleben statt. Und hier entstehen auch globale Probleme ebenso wie Lösungen. Grund genug, sich einmal genauer anzusehen, wie dort mit den drängenden Fragen unserer Zeit umgegangen wird und was wir daraus lernen können. Das tut Davide Brocchi in seinem Buch „Große Transformation im Quartier". Dazu analysiert der Sozialwissenschaftler sechs verschiedene Initiativen aus Köln, Wuppertal und Bonn, die sich als Antwort auf mehr oder weniger ähnliche Herausforderungen formiert haben. Dabei wird deutlich, dass es Bürger(inne)n gelingen kann, das eigene Quartier auch gegen Widerstände zu gestalten und zu einer höheren Lebensqualität für alle beizutragen. Ausgangspunkt ist für den Autor hier der Begriff der „Großen Transformation", den er aus dem aktuellen Nachhaltigkeitsdiskurs von Autoren wie Uwe Schneidewind und Harald Welzer adaptiert. Zentrales Anliegen des Buches ist, aufzuzeigen, wie im Lokalen Komplexität reduziert werden kann, sodass die großen Probleme auf einmal greifbar und Lösungen machbar werden. Illustrieren lässt sich das zum Beispiel am von Brocchi selbst in Köln initiierten „Tag des guten Lebens": Ein Tag, an dem in teilnehmenden Quartieren die Straßen für Autos gesperrt und den Bürger(inne)n übergeben werden. Hier geht es allerdings weniger darum, ein kommerzielles Konsumfest zu veranstalten, als darum, den öffentlichen Raum zurückzuerobern. Ziel der Idee ist es, die Menschen in Kontakt zu bringen und über den Tag hinausreichende Netzwerke zu schaffen. Die Auseinandersetzung mit dieser und anderen Initiativen zeigt, dass Nachhaltigkeit mehrdimensional verstanden werden muss und dass Prozesse für den Wandel ebenso wichtig sind wie Ziele.

Brocchi fundiert seine Studie mit breit angelegten theoretischen Passagen, die vor allem Erkenntnisse der Soziologie und Politikwissenschaften einbringen. Das reicht stellenweise ein wenig über das für die Argumentation notwendige Maß hinaus ins Streitbare, zum Beispiel, wenn der Autor über die „Natur des Menschen" philosophiert. Doch dem gegenüber stehen viele Vorschläge zum Handeln, die nicht nur aus dem Fazit hervorgehen, sondern sich schon während der Lektüre im Kopf der Leser(innen) formen. Auch darüber hinaus versteht der Autor es, die individuellen Fälle mit größeren, strategischen Fragen wie beispielsweise der nach einer starken Demokratie zu verknüpfen. Empirisch setzt das Buch darauf, die Akteurinnen und Akteure der behandelten Initiativen selbst ausführlich zu Wort kommen zu lassen und so eine Art Dialog zwischen Theorie und Praxis zu kreieren.

Insgesamt handelt es sich um ein gelungenes Buch, das die Leser(innen) motiviert, sich mit ihrer direkten Umwelt auseinanderzusetzen und selbst aktiv zu werden. Denn besonders wie Davide Brocchi die Fallbeispiele nachzeichnet und wie nah an den Akteur(inn)en seine Schilderungen sind, lässt klar erkennen, dass er mit großer Leidenschaft hinter dem Thema steht.

*(Felix Schaaf, Institute for Social & Sustainable Oikonomics)*

Brocchi, Davide: Große Transformation im Quartier. Wie aus gelebter Demokratie Nachhaltigkeit wird.
oekom, München 2019, 216 S.,
28,00 €, ISBN 978-3-96238-148-6

## Kurz notiert

Alexander, Samuel/Gleeson, Brendan
**Degrowth in the Suburbs.**
**A Radical Urban Imaginary**
Springer, Singapur 2018, 213 S.,
26,99 €, ISBN 978-981-13-4736-8

Brokow-Loga, Anton/Eckardt, Frank (Hrsg.)
**Postwachstumsstadt.**
**Konturen einer solidarischen Stadtpolitik**
oekom, München 2020, 344 S.,
22,00 €, ISBN 978-3-96238-199-8

Bingel, Katharina:
**Dritte Orte kreativ-urbaner Milieus. Eine gendersensible Betrachtung am Beispiel Braunschweig**
transcript, Bielefeld 2019, 332 S.,
34,99 €, ISBN 978-3-8376-4819-5

Seidl, Irmi/Zahrnt, Angelika (Hrsg.):
**Tätigsein in der Postwachstumsgesellschaft**
metropolis, 2019, 262 S.,
18,00 €, ISBN 978-3-7316-1405-0

Bund Deutscher Architekten BDA (Hrsg.):
**der architekt: gemeinsinn und gesellschaft. Quartiere in der stadt**
Res Publica Verlags GmbH, 2020,
96 S., 9,90 €, ISSN 0003-875

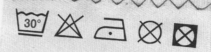

## 100% Nachhaltigkeit

*Was Klima- und Anti-Atom-Bewegung verbindet*

*Plädoyer für eine nachhaltige Stoffpolitik*

*Pfadabhängigkeiten im Transformationsdiskurs*

*Die Umwelt als Kriegsopfer*

## SPEKTRUM NACHHALTIGKEIT

Die gesellschaftliche Diskussion um die Zukunft ist vielschichtig. Im Spektrum Nachhaltigkeit veröffentlicht die *politische ökologie* deshalb – unabhängig vom jeweiligen Schwerpunktthema – Fachbeiträge, die sich mit verschiedenen Aspekten der Nachhaltigkeit auseinandersetzen. – Viel Vergnügen beim Blick über den Tellerrand!

Schnittmengen der Klima- und der Anti-Atom-Bewegung

# Fünf Erfahrungen für starke Proteste

*Von Matthias Weyland*

▬▬▬ Aktuell lässt sich ein Wiederaufleben der Debatte um Atomenergie beobachten, ohne dass dafür sachlich neue Argumente auf dem Tisch liegen. (1) Das Festhalten am Alten scheint vielmehr aus der Angst geboren zu sein, sich umfassend auf ein neues Energiesystem einzulassen, das vollständig auf Energieverbrauchsminderung und erneuerbaren Energien beruht.

Was in der Debatte derzeit weitgehend untergeht, ist der Erfahrungsaustausch zwischen der Klima- und der Anti-Atom-Bewegung. Die Anti-Atom-Bewegung nimmt seit Jahrzehnten eine zentrale Rolle unter den sozialen Bewegungen ein. Massiven Druck erzeugte sie in den 1990er-Jahren anlässlich der Atommülltransporte zum Zwischenlager Gorleben oder zu Beginn der 2000er-Jahre gegen schwarz-gelbe Laufzeitverlängerungen sowie ein paar Jahre später mit Massenprotesten rund um den Super-GAU von Fukushima. Auch bei den aktuellen Klimaprotesten blitzt zwischen den kreativen Plakaten regelmäßig die Anti-Atom-Sonne hervor. Bei all den Besonderheiten beider Themenbereiche scheinen fünf Erfahrungen zum Gelingen und Scheitern sozialer Bewegungen lehrreich.

## 1. Scheinlösungen ablehnen

Eine der wichtigsten Erfahrungen der Anti-Atom-Bewegung ist, dass sie an vermeintlichen Etappensiegen fast eingegangen wäre. Nach dem ersten sogenannten Atomkonsens von 2000/2001 wendete sich die gesellschaftliche, aktivistische und mediale Aufmerksamkeit anderen Themen zu, schien doch der »Ausstieg« erfolgreich eingeleitet. Nur dank der Beharrlichkeit einzelner Akteurinnen und Akteure kam die Bewegung Jahre später (gegen 2008) wieder auf die Beine. Anlässlich der Proteste rund um den Super-GAU von Fukushima im Frühjahr 2011 fand sie dann zu neuer Stärke, bis ihr die schwarz-gelb-rot-grüne Einigung über den »Atomausstieg« von 2011 erneut den Wind aus den Segeln nahm, indem sie das Problem für gelöst erklärte (jetzt aber wirklich, weil nahezu parteiübergreifend!). Die Hälfte der Atomkraftwerke (AKW) für über zehn Jahre weiter zu betreiben und das einfach „Ausstieg" zu nennen, war aus PR-Sicht genial und reichte offenbar dafür aus, dass sich ein Großteil der Bewegung einschließlich der Umweltverbände aus dem Kampf gegen das fortbestehende Atomrisiko weitgehend zurückzogen. Dass Deutschland heute nach wie vor zweitgrößter Atomstromproduzent der EU ist? Vergessen!

Was bedeutet das für die aktuellen Klimaproteste? Die Bewegung sollte sich mit gutem Grund auch weiterhin nicht mit Klimapäckchen, Parteikonsensen und Ähnlichem abspeisen lassen. Und auch zukünftig nicht vor umfassenden Forderungen (2) zurückschrecken. Während bei der Kohlekommission 2018/2019 das diesbezügliche Auftreten noch unklar blieb, ist die geschlossene und eindeutige Reaktion von Bewegung, Verbänden, Wissenschaft, Opposition und Medien auf die Nichtbeschlüsse vom 20. September 2019 ermutigend. Diese Front gilt es nicht aufzuweichen. Auch aus Anti-Atom-Perspektive gibt es zahlreiche Anknüpfungspunkte zur Klimadebatte: Alle an stringentem Klimaschutz Interessierten können noch stärker als bisher deutlich machen, dass allein schon die Diskussion über AKW als angebliche Klimaschützer den notwendigen Umbau des Energiesystems bremst, dass AKW die Netze für Erneuerbare verstopfen und als teuerste Form der Stromerzeugung die notwendigen Finanzmittel für Klimaschutz binden. Und dass die Betreiber exakt die Konzerne sind, die wirksamen Klimaschutz jahrzehntelang blockiert haben und dies weiter tun.

## 2. Vielfalt ist Stärke

Die wichtigste Erfahrung heißt: „Lasst euch nicht spalten!" Die Vielfalt einer Bewegung ist ihre Stärke. Die Anti-Atom-Proteste haben dies mit den unterschiedlichen Aktionsangeboten eindrucksvoll demonstriert. Von Kleingruppenaktionen über massenhaften zivilen Ungehorsam, vom gemeinsamen Schottern bis hin zu gewieften Blockade-Aktionen der Bäuerinnen und Bauern. Auch die Umweltverbände nutzten ihre jeweiligen Fähigkeiten, von BUNDjugend-Camps bis zu kreativen Einzelaktionen von Robin Wood und Greenpeace. Jede/r konnte sich dort einbringen, wo es am besten passte.

Wichtig war nur: Selbst wenn man nicht mit allem vollumfänglich d'accord war, der gemeinsame Gegner ist das Ziel, nicht andere Aktionszusammenhänge. Sich das immer wieder zu verinnerlichen, ist gerade für etablierte diskursmächtige Akteure wie Umweltverbände bisweilen herausfordernd. Klar: Absprachen um Aktionskonsense waren nicht immer einfach und bequem. Aber wenn dies gelang, waren es die stärksten Zeiten der Bewegung.

In der wachsenden Klimabewegung mit immer wieder neuen Akteur(inn)en ist diese Haltung nach einem ersten Beschnuppern erfreulicherweise immer öfter vorzufinden. Ermutigend ist, dass Anti-AKW- und Klimabewegung nicht isoliert agieren. Das Skill Sharing funktioniert ganz offensichtlich, wenn auf Klimacamps oder Aktionen von Ende Gelände zahlreiche lang bekannte Gesichter in den unterschiedlichsten Rollen wiederzufinden sind.

## 3. Ziviler Ungehorsam als Schlüssel

Im vergangenen Jahr wurde selbst in den Massenmedien derart ausführlich über zivilen Ungehorsam geschrieben, dass dem nicht viel hinzuzufügen ist. Daher lediglich eine ermutigende Erkenntnis aus den Atommüllprotesten: Die Aktionen der Gruppe WiderSetzen und des Netzwerks X-tausendmal quer zeigen eindrucksvoll, dass massenhafter ziviler Ungehorsam zumindest nicht auf Dauer ignoriert, kriminalisiert und übergangen werden kann. Dank der bunten Bilder Tausender Menschen blieben Spaltungsversuche überwiegend erfolglos, die Aktionen waren der Schlüssel für die eigene Deutungshoheit. Das alles sollten sich vor allem diejenigen vergegenwärtigen, die bisweilen gegen zivilen Ungehorsam ins Felde ziehen. Was bedeutet das für die zukünftigen Klimaproteste? Die Auseinandersetzung um Aktionsformen wird spätestens seit Extinction Rebellion breit und mit vielen guten Vorschlägen geführt, etwa den Protest in die Innenstädte zu tragen. (3) Entscheidend scheinen auch weiterhin niederschwellige Aktionen massenhaften zivilen Ungehorsams zu sein, denn sie machen klar: Es geht hier nicht um einige wenige „Chaoten". Gleichzeitig erweitern sie, ohne dass dies Hauptzweck wäre, den Möglichkeitsraum für andere Aktionen.

**4. Realpolitische Rollenverteilung anerkennen**

Die Erfahrung der Anti-Atom-Bewegung lehrt, nicht zu sehr auf Zusagen aus der Politik zu bauen: Realpolitik folgt einfach zu stark eigenen Spielregeln. Ohne hier Grünen-Bashing zu betreiben (abgesehen von der Linken hielten die übrigen Parteien den »Ausstiegsbeschluss« ohnehin für ausreichend!) sei an ihren Parteitagsbeschluss vom Juni 2011 zur Zustimmung des AKW-Weiterbetriebs erinnert. Da heißt es: „Fukushima hat gezeigt, dass ein Betrieb von Atomkraftwerken überhaupt nur unter schärfster Einhaltung der geforderten Sicherheitsauflagen verantwortbar ist. [...] Fragen der betriebswirtschaftlichen Rentabilität sind demgegenüber eindeutig nachrangig." Außerdem versprach man: „Gleichzeitig werden wir mit allen politischen Mitteln auf allen Ebenen dafür kämpfen, den Atomausstieg rechtssicherer und schneller zu bewerkstelligen." Seither waren die Grünen in zahlreichen Landesregierungen vertreten, oft sogar in der Atomaufsicht.

Passiert ist wenig zur Umsetzung der Beschlüsse.

Auch auf Bundesebene begnügte man sich weitgehend mit symbolischen Nadelstichen gegen grenznahe ausländische AKW, am „Konsens" wird nicht offen gerüttelt. Dies ist umso erstaunlicher, als der alternde AKW-Park immer wieder Hebel bietet. Jüngstes Beispiel: Bei der Jahresrevision des süddeutschen AKW Neckarwestheim im Herbst 2019 wurden zum dritten Mal in Folge Hunderte gefährliche Risse in den radioaktiv durchströmten Dampferzeuger-Rohren entdeckt. (4) Trotz des Risikos eines schweren Unfalls und trotz mangelnder Ursachenklärung hat das grün geführte baden-württembergische Umweltministerium den Reaktor wieder anfahren lassen.

Für Klima- wie Anti-Atom-Bewegung bedeutet das: Es hilft, die jeweiligen Rollen und Spielregeln von Bewegung und Parteipolitik ein Stück weit anzuerkennen. In der Gemengelage kann und sollte sich die Bewegung auf ihre eigene Stärke berufen, Kurs halten und zumindest skeptisch bleiben gegenüber Angeboten der Politik. Alternativ können je nach Situation Akteure wie Sozial- oder Erneuerbare-Energien-Verbände hilfreiche neue Bündnispartner sein.

**5. Langer Atem und gegenseitige Unterstützung notwendig**

Zu guter Letzt zeigt die Reflexion der Anti-Atom-Bewegung, dass bei all den Höhen und Tiefen langer Atem notwendig ist. Nachdem sich die Klimabewegung derzeit im hart erarbeiteten und verdienten Hoch befindet, werden vermutlich auch andere Zeiten kommen. Dies gilt für die Medienaufmerksamkeit, die auch hier den eigenen

Spielregeln folgen wird, genauso wie für die Bestrebungen der Gegner(innen), verstärkt den Spaltkeil anzusetzen und zu polarisieren. Auch die Anti-Atom-Bewegung muss einmal mehr langen Atem beweisen, wie das Revival einer längst abgeschlossen geglaubten Debatte zeigt.

Beide Bewegungen tun also gut daran, sich gegenseitig zu unterstützen und zu zeigen, dass ihre Anliegen eine große Schnittmenge aufweisen. Soziale Bewegungen waren immer Motoren für Veränderungen. Dass sie, gerade wenn sie erfolgreich werden, nicht nur Unterstützer(innen) haben, ist wenig erstaunlich. Wichtig ist nur, sich gegenseitig zu stärken und von Rückschlägen nicht entmutigen zu lassen.

**Anmerkungen**
(1) .ausgestrahlt-Magazin (43/2019), www.ausgestrahlt.de
(2) www.klimareporter.de/protest/von-fridays-for-future-lernen
(3) https://blog.interventionistische-linke.org/klima/aus-der-grube-in-die-stadte
(4) www.ausgestrahlt.de/informieren/atomunfall/gefahr-neckarwestheim/

**Zum Autor**
Matthias Weyland, geb. 1979, ist Mitbegründer und im Vorstand der Anti-Atom-Organisation .ausgestrahlt. Er hat seit 2001 keinen Castortransport nach Gorleben verpasst. In den Anfängen der Klimabewegung hat er sich in unterschiedlichen Zusammenhängen für Klimaschutz engagiert und ab 2007 Proteste gegen Kohlekraft organisiert.

**Kontakt**
Matthias Weyland
.ausgestrahlt
E-Mail matthias.weyland@ausgestrahlt.de

Nachhaltige Stoffpolitik im Zeichen der Ressourcenwende

# Kreisläufe endlich schließen

*Von Markus Große Ophoff und Christoph Lauwigi*

Eine nachhaltige Stoffpolitik muss die Chemikalienpolitik, Ressourcenpolitik, Produktpolitik und Abfallpolitik miteinander verbinden. (1) Das Vorsorgeprinzip ist ein zentrales Leitbild im Umweltschutz. Nach ihm muss gehandelt werden, wenn es triftige Gründe zur Besorgnis gibt. Die Europäische Umweltagentur hat an Beispielen wie Fluorchlorkohlenwasserstoffen oder Bisphenol A gezeigt, dass dies in der Vergangenheit selten und oft zu spät geschah. Nachhaltigkeit bedeutet, unsere heutigen Bedürfnisse unter Berücksichtigung globaler Gerechtigkeit zu befriedigen, ohne die Chancen künftiger Generationen zu beeinträchtigen.

Im Jahr 2015 haben die Vereinten Nationen 17 Ziele für eine nachhaltige Entwicklung bis 2030 beschlossen (Sustainable Development Goals, SDGs), darunter die Forderung, Produktion und Konsum nachhaltig zu gestalten. Der aktuelle Umgang mit stofflichen Ressourcen und gefährlichen Chemikalien rückt die Erreichung dieses Ziels in weite Ferne. Vorsorge ergänzt die Nachhaltigkeit um den Aspekt der Wissensdefizite. Ohne optimale Umweltvorsorge ist auch in der Stoffpolitik keine nachhaltige Entwicklung möglich.

### Persistente Stoffe als zentrales Umweltproblem

Stoffe werden in der Umwelt unterschiedlich rasch abgebaut. Sind sie langlebig (persistent), können sie sich vom Ort ihres Eintrags in die Umwelt ausbreiten oder in Organismen anreichern. Die klassische Stoffbewertung beruht auf dem Vergleich von Wirkung und erwarteter Konzentration (Exposition). Sie ignoriert, dass bei persistenten Stoffen Wirkungen an anderen Orten und zeitlich verzögert auftreten können. Einmal in die Umwelt entlassen, sind sie nicht mehr rückholbar. Auf internationaler und europäischer Ebene hat aus diesem Grund in jüngerer Vergangenheit die Persistenz an Bedeutung gewonnen, allerdings nur in Verbindung mit Toxizität und vor allem der Anreicherung in Organismen. Persistenz stellt allerdings auch

---

Nachhaltigkeit – der Begriff hat in vielen Medien keine Konjunktur. Diese Zurückhaltung hat ihren Preis: Man bleibt häufig an der Problemoberfläche. Nachhaltigkeit ist beim größten deutschen Umweltverband, der zwei große Studien über ein zukunftsfähiges Deutschland initiiert hat, und der *politischen ökologie* seit vielen Jahren gut aufgehoben. Deshalb suchen sie die Zusammenarbeit: In jeder Ausgabe gibt es an dieser Stelle einen Beitrag von einem BUND-Autor oder einer BUND-Autorin.

dann ein Risiko dar, wenn keine nachteiligen Effekte bekannt sind. Beispiele sind einige per- und polyfluorierte Alkylsubstanzen (PFC) vor allem aber auch Kunststoffe. Mikroplastik, das den Produkten zugesetzt wird oder durch Abrieb zum Beispiel von Textilien oder Fahrzeugreifen entsteht, lässt sich in allen Umweltkompartimenten (Luft, Wasser, Boden, Erdkruste etc.) weltweit nachweisen. Eine Forderung ist deshalb die Entwicklung und Verwendung nachhaltiger Chemikalien. Diese sind nicht persistent, haben keine unerwünschten Wirkungen und werden in der Umwelt rasch abgebaut.

## Stoffströme und planetare Leitplanken

Wie Klimaschutz und biologische Vielfalt ist heute auch Stoffpolitik eine globale Herausforderung. Die globalen Stoffströme haben sich in den vergangenen 20 Jahren vervielfacht. Produktionsstätten werden in die Länder des Südens verlagert, Abfälle exportiert und verbotene Chemikalien über kontaminierte Produkte wieder importiert. Der Mensch hat inzwischen so stark in die bio- und geochemischen Stoffkreisläufe eingegriffen, dass die Wissenschaft den Eintritt in ein neues erdgeschichtliches Zeitalter diskutiert: das Anthropozän. An zahlreichen ökologischen und sozioökonomischen Parametern lässt sich die „Große Beschleunigung" (Great Acceleration) erkennen.
Unsere Wirtschaftsweise und Lebensstile sind nicht nachhaltig. Das Konzept der planetaren Leitplanken zeigt, dass ein großer Teil der Menschheit bei Klima, biologischer Vielfalt und den Einträgen von Stickstoff und Phosphor den sicheren Handlungsraum verlassen hat. Die planetare Leitplanke „Neue Substanzen" lässt sich zurzeit noch nicht quantifizieren. Es gibt aber zahlreiche Anzeichen, dass der Umfang der globalen Stoffkreisläufe und die Einträge persistenter Substanzen die Belastungsgrenzen der Erde übersteigen. Die Zunahme der Stoffströme führt auch zu vermehrten Treibhausgasemissionen und Landnutzungswandel. Die planetaren Leitplanken sind miteinander verknüpft. Auch die Vervielfachung der Rohstoffnutzung in den vergangenen Jahrzehnten ist ein Indiz für die Überlastung unseres Erdsystems.

Mehrere internationale Übereinkommen wie die von Basel, Montreal oder Stockholm regeln Teilaspekte der globalen Belastung mit Stoffen, werden aber der Größe des Problems nicht gerecht. (2) Ein umfassender globaler Regelungsansatz ist nötig.

Aus Nachhaltigkeitsperspektive sollten Stoffströme so gering und in ihrer Zusammensetzung so einfach wie möglich sein. Neben Effizienz- und Konsistenzansätzen braucht es Suffizienzstrategien, das heißt, es stellt sich die Frage nach dem richtigen Maß. Dabei geht es nicht nur um Konsum und Lebensstile auf individueller Ebene, sondern auch um systematische Ansätze mit dem Ziel eines bewussteren Umgangs mit Ressourcen.

Die weltweite Chemikalienproduktion verdoppelt sich jedoch nahezu jede Dekade. Die komplexe Zusammensetzung heutiger Produkte macht Kreislaufwirtschaft unmöglich (Stichwort Schadstoffentfrachtung). Auch das Design der Produkte steht einem Stoffstrommanagement entgenga. Viele Produktteile, zum Beispiel in der Informations- und Kommunikationstechnik, lassen sich nicht demontieren, sodass ganze Pro-

dukte entsorgt werden – die Ressourcen sind dann verloren.
Chemikaliensicherheit, Produktgestaltung und Abfallwirtschaft müssen eng miteinander verknüpft werden. Auch das Recht ist hier sektoral aufgeteilt und nicht ohne Widersprüche. Eine Umkehr in der Stoffpolitik, planetare Grenzen zu achten, wird nur dann gelingen, wenn konsequent die rechtlichen, gesellschaftlichen und wirtschaftlichen Rahmenbedingungen geschaffen werden, um Stoffströme zu reduzieren und zu verlangsamen.

**Ressourcenwende anstoßen**
Aus dem Konzept der planetaren Leitplanken lassen sich in einigen Bereichen Grenzwerte ableiten, oberhalb derer wir den sicheren Handlungsrahmen verlassen. Der Ressourcenverbrauch fehlt in diesem Modell. Er wurde aber nicht vergessen. Vielmehr beeinflusst unser Ressourcenkonsum alle anderen Bereiche und ist der Treiber hinter vielen globalen Problemen. Jede Produktion, jede Dienstleistung, aber auch jede Energieerzeugung nutzt endliche Ressourcen. Deshalb hängt die Erreichung von zwölf der 17 SDGs direkt von einem nachhaltigen Umgang mit natürlichen Ressourcen ab. Vor dem Hintergrund der „Großen Beschleunigung" nimmt auch die Nutzung der natürlichen Ressourcen stetig zu.
Aus Gerechtigkeitsperspektive sieht die Lage verheerend aus: Denn 80 Prozent der Ressourcen werden von 20 Prozent der Weltbevölkerung – genauer von den Menschen der reichen Industrienationen – verbraucht. Es fehlen jedoch konkrete Zielwerte zur Begrenzung des Ressourcenverbrauchs. Ohne Zielwerte lassen sich politische Strategien und Maßnahmen schlecht auf ihre Wirksamkeit hin überprüfen. Wir brauchen also klare Ziele zur Einführung ambitionierter und verbindlicher Maßnahmen.
Auf nationaler Ebene gibt es zwar das Ziel der Verdopplung der Rohstoffproduktivität bis 2020 im Vergleich zu 1994. Abgesehen davon, dass dieses Ziel wohl deutlich verfehlt wird, ist seine Wirkung mehr als fraglich. Die Daten der Großen Beschleunigung zeigen, dass die Effizienzsteigerung durch das Wirtschaftswachstum überkompensiert wird: Der Reboundeffekt ist größer als die Einsparungen durch die Effizienzsteigerung. Wir brauchen dringend eine Ressourcenwende. Ressourcenpolitik ist jedoch von einer multiplen Problemlage und zahlreichen Wechselwirkungen geprägt. So wie viele SDGs im Zusammenhang mit dem Ressourcenkonsum stehen, so beeinflussen viele Politikfelder den Umgang mit natürlichen Ressourcen. Wirksame Ansätze politischer Steuerung müssen sich auf die gesamte Wertschöpfungskette beziehen.
Aktuell werden zwar schon einzelne Problemperspektiven gemeinsam adressiert, etwa Menschenrechte und Umweltschutz in der Debatte um ein Lieferkettengesetz oder Versorgungssicherheit und Ressourcenschonung im Kontext von Ressourceneffizienz und Recycling. Es fehlt jedoch ein integrierter Ansatz, der alle Problemperspektiven adressiert und systematisch miteinander in Bezug setzt sowie konsequent auf den Schutz natürlicher Ressourcen abzielt. Dies betrifft sowohl die Zivilgesellschaft als auch die Forschung und die Politik.
In der Politik zeigt sich besonders deutlich, dass eine Verengung der Debatte auf die ökologischen und ökonomischen Po-

tenziale einer Effizienzsteigerung aus der Perspektive globaler und intertemporaler Gerechtigkeit völlig unzureichend ist. Die vorherrschende, wachstumsorientierte Wirtschaftspolitik ist blind gegen die Probleme einer nicht nachhaltigen Ressourcennutzung. Auch volkswirtschaftliche Vorteile des Ressourcenschutzes bleiben unberücksichtigt. Die alleinige Fokussierung auf Effizienz geht nicht weit genug, denn relative Größen, wie die Ressourceneffizienz, ignorieren die Notwendigkeit einer absoluten Senkung.

Genau hier setzt das Projekt „Ressourcenwende" an: Der BUND hat sich zusammen mit dem Deutschen Naturschutzring (DNR) und dem Institut für ökologische Wirtschaftsforschung (IÖW) das Ziel gesetzt, die Defizite im ressourcenpolitischen Diskurs zu analysieren und die Leerstellen gezielt durch das Anstoßen von Debatten zu füllen. Ziel ist es, ein Netzwerk aus wissenschaftlichen und zivilgesellschaftlichen Akteur(inn)en zu schaffen, um gemeinsam Visionen und Grundzüge einer suffizienzbasierten ressourcenpolitischen Strategie zu entwickeln, die unseren absoluten Ressourcenverbrauch senkt und die vorhandenen Ressourcen gerecht verteilt.

Um die sozialökologische Transformation zu schaffen, braucht es außer Politik, Wirtschaft und Wissenschaft eine starke und laute Zivilgesellschaft, die vorangeht und eine neue Lebens- und Wirtschaftsweise einfordert. (3) ▬

### Anmerkungen

(1) Der BUND hat hierzu das Positionspapier 69 „Herausforderungen für eine nachhaltige Stoffpolitik" veröffentlicht: www.bund.net/service/publikationen/detail/publication/herausforderungen-fuer-eine-nachhaltige-stoffpolitik

(2) United Nations Environment Programme (2019): Global Chemicals Outlook II. From Legacies to Innovative Solutions: Implementing the 2030 Agenda for Sustainable Development.

(3) Für ihre Mitarbeit an diesem Artikel danken wir Klaus Günter Steinhäuser vom Arbeitskreis Umweltchemikalien und Toxikologie und Benedikt Jacobs vom BUND Bundesverband sehr herzlich.

---

### Zu den Autoren

Markus Große Ophoff, geb. 1961, war nach der Promotion in Chemie am UBA tätig. Seit 2001 leitet er das DBU – Zentrum für Umweltkommunikation. Er ist Honorarprofessor an der Hochschule Osnabrück und stellvertretender Leiter des BUND-Arbeitskreises Umweltchemikalien/Toxikologie.

Christoph Lauwigi, geb. 1981, ist Geoökologe und arbeitet als Projektkoordinator beim BUND Berlin. Seit 2018 ist er Sprecher des Arbeitskreises Abfall und Rohstoffe des BUND Bundesverbands.

### Kontakte

Prof. Dr. Markus Große Ophoff
E-Mail markus.grosse-ophoff@bund.net
Christoph Lauwigi
E-Mail christoph.lauwigi@bund.net

Spektrum Nachhaltigkeit

Hemmnisse der Transformation

# Mentale Pfadabhängigkeiten knacken

*Von Edgar Göll und Jens Clausen*

Auf der wissenschaftlichen Suche nach Lösungen für eine Transformation zu nachhaltiger Entwicklung geraten beschleunigte soziotechnische und kulturelle Veränderungen immer mehr ins Blickfeld. Einen potenziellen „sozialen Kipppunkt" (1) haben Klimaforscher(innen) jüngst in Normen und Werten definiert. Festgefügte Denkweisen mögen auf unhinterfragten Grundannahmen oder mentalen Pfadabhängigkeiten beruhen, in jedem Fall verlangsamen sie den notwendigen Wertewandel. Dies gilt besonders auch für einen falsch verstandenen Freiheitsbegriff, wie ihn gegenwärtig liberale Kreise als Argument gegen das entschlossene Bekämpfen der Klimakrise nutzen.

**Mythen und Wunschvorstellungen**

Dank der modernen Zukunftsforschung ist bekannt, dass es fast allen Menschen unter normalen Umständen sehr schwerfällt, »in die Zukunft zu denken«, sich künftige Zustände vorzustellen, und zwar anders als das Heute und die von der Werbeindustrie angefertigten Klischees. Diese Schwierigkeit nimmt mit längeren Zeithorizonten deutlich zu. Allerdings gibt es in der Zukunftsforschung und anderen Forschungsbereichen weiterführende Ansätze wie Horizon Scanning, Szenarien oder Trendanalysen, die fundierte Zukunftsbilder und Pfade dorthin beschreiben und intensiver genutzt werden sollten.

Den ausgetretenen Pfad mental zu verlassen, ist offenbar nicht einfach. Der Sozial- und Umweltpsychologe Harald Welzer erklärt, dass „[...] die institutionellen Infrastrukturen das Wachstum regulieren, die materiellen manifestieren es, die mentalen übersetzen es in die lebensweltliche Praxis." (2) Der Wachstumszwang, der sich auf die Gesellschaft und das Individuum auswirkt, ist also nicht zuletzt ein mentales Konstrukt, das eine immense Schwerkraft aufweist. Bei einer qualitativen Untersuchung der Denkweise führender Wissenschaftler(innen) und Praktiker(innen) aus Verwaltung, Politik und Zivilgesellschaft fand Kora Kristof heraus, dass jene oft gemäß impliziter Theorien handeln, das heißt, sie agieren weniger gemäß ihrer öffentlich geäußerten Ansichten und vielmehr nach ihren persönlichen, im »Inneren« existierenden Theorien. (3)

Auf Basis der Analyse von Pfadabhängigkeiten in 15 Transformationsfeldern kam das Projekt Evolution2Green zu einem bedenklichen Schluss: Letztlich bilden zahlreiche falsche oder angesichts der ökologischen Herausforderung nicht mehr zeitgemäße Grundannahmen die Basis weitergehender rechtlicher wie auch organisatorischer Pfadabhängigkeiten, auf deren Basis dann

Recht entsteht oder Organisationen geführt werden. Eine solche mentale Unbeweglichkeit kann auch bewusst genutzt werden, um Pfade zu verlängern: „Eine zentrale Voraussetzung für die Fortführung von erfolgreichen und einträglichen Pfaden besteht darin, diese rechtlich abzusichern. Letztlich entscheiden Parlament und Regierung über die ordnungsrechtliche Zulässigkeit und den ökonomischen Rahmen von Steuern und Abgaben, aus denen sich die Möglichkeit der Pfadfortführung letztlich ergibt. Hier begründet sich die Bedeutung von Lobbying und der Kreation von Mythen und alternativen Fakten, mit denen die Absicht der Politik, Dinge zu verändern, häufig erfolgreich gebremst oder gar ganz in Frage gestellt wird". (4)

**Ein falscher Freiheitsbegriff**
Der insbesondere in westlichen Gesellschaften sehr stark ausgeprägte Individualismus stellt in Bezug auf eine schnelle Transformation zur nachhaltigen Entwicklung eine immense Herausforderung dar. Individuelle Lebensweisen und Konsumstile werden infrage gestellt und ihre negativen, meist nicht beabsichtigten Effekte problematisiert. Dies stößt nicht bei allen Bürger(inne)n auf »offene Ohren« und eine lernbereite Haltung. Einige soziokulturelle Milieus reagieren mit borniertet Leugnung und sogar aggressiver Ablehnung. Seit der Proklamation der Vereinten Nationen über Nachhaltige Entwicklung auf der Konferenz für Umwelt und Entwicklung in Rio de Janeiro 1992 und verstärkt auch in der Klimadebatte wird untersucht, wie sich wenig veränderungsbereite Menschen dieser Milieus erreichen lassen – mit spezifischer Art von Kommunikation, mit praktischen Angeboten oder mit finanziellen Anreizen. Seltener wird der Begriff der Freiheit und das zugrunde liegende Konzept thematisiert. Aber die Idee von Freiheit wird von Leugner(inne)n des Klimawandels in extrem individualistischer Weise interpretiert: Alles, was ungewünschte Veränderungen des eigenen Verhaltens bedeuten könnte, wird als unzulässige Einschränkung der individuellen Freiheit kritisiert und vehement abgelehnt. Da wird dann auf einmal der Verbrennungsmotor „liberal" (5) oder es wird seitens der Heizungsindustrie für die freie Wahl des Energieträgers plädiert und angesichts der beschlossenen Wende hin zu erneuerbaren Energien eine Bedrohung bürgerlicher Freiheitsrechte heraufbeschworen. Hier klingen die Einflüsse radikaler Vertreter(innen) der freien Marktwirtschaft durch, die prinzipiell gegen gesellschaftliche („kollektive"), also auch staatliche Eingriffe in wirtschaftliche Zusammenhänge und Prozesse argumentierten und agieren.

In der Philosophie wird zwischen mindestens zwei Arten von Freiheit unterschieden: der positiven und negativen. Die positive Freiheit bezeichnet die Freiheit zu etwas, wie etwa das Recht eines Bürgers auf Meinungsfreiheit. Demgegenüber bezeichnet negative Freiheit die Freiheit von etwas, beispielsweise von staatlichem Zwang in persönlichen Bereichen.

Wichtig ist, dass die Begrenzung von Freiheit in solchen Fällen erlaubt und vorgesehen ist, wenn eine Schädigung Dritter erfolgt. Dies schlägt sich unter anderem im Verkehrs- oder Demonstrationsrecht nieder. Auch die Debatte über Silvesterfeuerwerke und Böller fällt darunter. Es kann aber auch abgeleitet werden, dass es eine Freiheit zur Zerstörung der menschlichen Lebensgrundlagen heutiger und künftiger Generationen grundsätzlich nicht geben kann. Angesichts der jüngsten ökologischen Diskussionen und der wissenschaftlichen Befunde zum Klimawandel lässt sich das wohl kaum logisch und sinnvoll widerlegen.

**Bornierter Individualismus**
Hier kommt der bornierte Individualismus zum Tragen, denn die vermeintlichen »Freiheitskämpfer(innen)« ignorieren völlig die Freiheitsrechte von Menschen in anderen Regionen sowie künftiger Generationen, die sie durch ihr nicht nachhaltiges Verhalten existenzbedrohend einschränken. So resultiert der anthropogene Klimawandel aus „einer spezifischen Anwendung der Freiheit heute", wodurch „die Zahl der zur Verfügung stehenden Optionen morgen physisch reduziert wird. [...] Also auch eine Gesellschaft kann Freiheit buchstäblich konsumieren." (6)
Schließlich kommt mit dem Konzept der individuellen Freiheitsrechte auch das Konzept der damit verbundenen Verantwortung hinzu. Das „Prinzip Verantwortung" wie auch der „kategorische Imperativ" lassen sich sowohl auf die individuelle wie auf die gemeinschaftliche Ebene beziehen und setzen einem überzogenen Freiheitsbegriff eindeutige Grenzen.
Die Überwindung mentaler Pfadabhängigkeiten bedarf der Aufklärung und faktenbasierten Auseinandersetzung über Probleme und mögliche Lösungen. Zusätzlich sind aber auch Gelegenheitsfenster von Bedeutung. Solche „windows of opportunity" können sich öffnen, wenn nach einer Katastrophe (z.B. Fukushima) Absichten infrage gestellt und geändert werden oder wenn bei einem weltpolitischen Ereignis wie dem Mauerfall Änderungen im Durcheinander des Wandels institutionalisiert werden. Die Organisationsökologie lässt weiter darauf schließen, dass neues Personal, sei es in Regierung oder Unternehmensleitung, Möglichkeiten hat, Denk- und Handlungsweisen zu verändern. Der Wunsch, wirtschaftliche Vorteile zu erzielen, wurde ebenfalls als Anreiz zum Kurswechsel identifiziert; dass dies in der Förderung des Elektroantriebs in der chinesischen Automobilbranche der Fall war, sollte westlichen Wirtschaftsführer(inne)n zu denken geben.

**Veränderung schrittweise voranbringen**
Die wesentliche Erkenntnis von Kristof lautet: „Notwendig sind – neben einer guten Veränderungsidee – vor allem eine situationsadäquate Prozessgestaltung, das souveräne Bewegen im Akteursnetzwerk mit den jeweils sehr unterschiedlichen Prozesssichten, Fingerspitzengefühl bei einem am Ziel orientierten Kommunikations- und Beteiligungsprozess und das richtige Timing. Da Veränderungsprozesse nicht ‚generalstabsmäßig' zu planen sind, ist es sinnvoll, einen Mix unterschiedlicher Optionen und Instrumente für die Umsetzung gleichzeitig zu nutzen, um die ‚Trefferwahrscheinlichkeit' zu erhöhen. Außerdem sollte der Veränderungsprozess schrittweise angelegt werden, damit man sich in Iterationsschleifen Stück für Stück an das Ziel herantasten kann. Dies setzt eine kontinuierliche Evaluation und die gezielte Nutzung von Lernprozessen (Lernen erster und zweiter Ordnung)

voraus". (6) All dies läuft auf schwierige Änderungen hinaus, vor allem auch auf „Exnovationen", das Beenden negativer Entwicklungen (vgl. S. 72 ff.).

**Anmerkungen**
(1) Otto, I. et al. (2020): Social tipping dynamics for stabilizing Earth's climate by 2050. In: Proceedings of the National Academy of Sciences (5/2020).
(2) Welzer, H. (2011): Mentale Infrastrukturen. Wie das Wachstum in die Welt und in die Seelen kam. Berlin.
(3) Kristof, K. (2010): Models of Change. Einführung und Verbreitung sozialer Innovationen und gesellschaftlicher Veränderungen in transdisziplinärer Perspektive. Zürich.
(4) Kahlenborn, W. et al. (Hrsg.) (2019): Auf dem Weg zu einer Green Economy. Wie die sozialökologische Transformation gelingen kann. Bielefeld.
(5) Pausch, R. (2020): Heldchen der Arbeit Seit an Seit mit der Normalität. Wie FDP-Chef Christian Lindner seine Partei in eine Heimat für Modernisierungszweifler verwandeln will. In: Die Zeit.
(6) Ulrich, B. (2019): Alles wird anders: Das Zeitalter der Ökologie. Köln.

Eine ausführliche Liste aller verwendeten Literatur stellen die Autoren auf Nachfrage gern zur Verfügung.

**Zu den Autoren**
Edgar Göll, geb. 1957, ist Sozialwissenschaftler und Forschungsleiter des Clusters „Zukunftsforschung und Partizipation" im Institut für Zukunftsstudien und Technologiebewertung (IZT) sowie Dozent im Masterstudiengang Zukunftsforschung der FU Berlin.
Jens Clausen, geb. 1958, ist Mitgründer und Leiter des Borderstep Instituts in Hannover. Er beschäftigt sich unter anderem mit Innovations-, Diffusions- und Transformationsforschung.

**Kontakte**
Dr. Edgar Göll
IZT – Institut für Zukunftsstudien und Technologiebewertung
E-Mail e.goell@izt.de

Dr. Jens Clausen
Borderstep Institut
E-Mail clausen@borderstep.de

# Themenpakete
## der *politischen ökologie*

Sichern Sie sich unsere Themenpakete und sparen Sie bis zu 20 Prozent des Preises!

## Frisch geschnürt ist halb geschenkt

Egal ob „Fossilfreies Leben", „Globale Perspektiven", „Große Transformation", „Umweltschutz & Gerechtigkeit" oder „Querdenken & Vormachen": Weil die *politische ökologie* ihre Schwerpunktsetzung nicht vom Zeitgeist abhängig macht, bleiben die Ausgaben sehr lange aktuell und bieten hintergründige Analysen und verblüffende Lösungsansätze. Genau deshalb haben wir unsere Themenpakete neu für Sie geschnürt.

Infos und Preise unter:
**www.politische-oekologie.de**

Politisch-rechtlicher Rahmen für kriegsbedingte Umweltzerstörung

# Kriegsopfer Umwelt

*Von Manfred Mohr*

▬▬▬▬Umweltschutz und Klimawandel sind in aller Munde. Zugleich ist die Weltlage beispiellos instabil – militärische und andere Konflikte sind im Gange oder drohen auszubrechen. Die Verbindung zwischen beiden Problemfeldern liegt auf der Hand: Umweltzerstörung durch Krieg. Jede kriegerische oder bewaffnete Auseinandersetzung vernichtet nicht nur Menschenleben, sondern zerstört auch die Umwelt – dabei ist es letztlich unerheblich, ob man Umwelt eher menschenbezogen oder allgemeiner versteht. (1)

Der Zusammenhang zwischen Umwelt (-schutz) und bewaffnetem Konflikt ist auch bei den Vereinten Nationen angekommen: Sie begehen den 6. November als „Internationalen Tag zur Verhinderung der Ausbeutung der Umwelt in Kriegen und bewaffneten Konflikten". Aus diesem Anlass haben im vergangenen Jahr 103 NGOs und Expert(inn)en aus 33 Staaten eine Gemeinsame Erklärung verabschiedet: „From words to action: time to act on peace and security". Ein Jahr vorher fand im UN-Sicherheitsrat eine Debatte zum Schutz der Umwelt in bewaffneten Konflikten statt. Dabei verwies der deutsche UN-Botschafter auf den dreifachen Zusammenhang zwischen Klimawandel, Umweltbedrohungen und allgemeinen Auswirkungen auf Sicherheit und Konflikte.

Die Herstellung derartiger Zusammenhänge ist nicht neu; sie wird jedoch verstärkt und gerade jetzt auch von den Medien wieder aufgegriffen. Das betrifft zum Beispiel die Idee einer „Fünften Genfer Konvention" zum Umweltschutz in bewaffneten Konflikten, die nach 20 Jahren erneut von einer Wissenschaftler(innen)gruppe lanciert wurde. Auch die Richtlinie des Internationalen Komitees vom Roten Kreuz für Militärhandbücher zu diesem Thema aus dem Jahre 1994 sowie die langjährige Beobachtungs-, Untersuchungs- und Hilfspraxis des UN-Umweltprogramms auf diesem Gebiet zählen dazu. Einen wesentlichen Impuls für die gegenwärtige, neuerliche Befassung mit dem Thema geht von der UN-Völkerrechtskommission (ILC) aus. Sie hat im vergangenen Jahr in erster Lesung 28 Prinzipienentwürfe zum Umweltschutz bei bewaffneten Konflikten angenommen, was zu einer intensiven Diskussion im (zuständigen) 6. Ausschuss der UN-Generalversammlung geführt hat.

## Gefährliche Kampfmittelrückstände

Es ist nahezu unmöglich, die Frage zu beantworten, welche Umweltschäden in der Kriegsgeschichte besonders verheerend gewesen sind. Einen Einschnitt stellte sicherlich der Einsatz von Agent Orange im Vietnamkrieg dar, der schließlich zum Umweltkriegsverbotsabkommen (ENMOD) führte. Da zunehmend technischer Fortschritt Eingang in die Kriegführung findet, betrifft die Thematik Umwelt und Konflikte immer größere Teile der Zivilbevölkerung und ihrer Lebensräume.

Das wird am Beispiel von Uranmunition oder Uranwaffen deutlich. Es handelt sich um mit abgereichertem Uran (depleted uranium, DU) gehärtete Geschosse, die aufgrund ihrer hohen Durchschlagskraft eine hocheffiziente Waffe insbesondere zur Panzerbekämpfung darstellen. Zugleich kann die chemische und radiologische Toxizität von DU zu schweren Umwelt- und Gesundheitsschäden führen. Diese Gefahren sind dem Militär bekannt. So enthält beispielsweise die Druckschrift Einsatz Nr. 02 der Bundeswehr entsprechende Warnhinweise. Auch das US-Militär oder die NATO sehen ganz generell Verbindungen zum Umweltschutz. Geht es aber um Konkretes, etwa um Risiken und Schäden für die Umwelt durch den Einsatz von Uranmunition, wird verharmlost und vertuscht. Leider unterstützt die Bundesregierung nicht mehr die Resolutionen der UN-Generalversammlung, die auf solche Risiken hinweisen. Dagegen wendet sich unter anderem die Internationale Koalition zur Ächtung von Uranwaffen, die zivilgesellschaftliche Anstrengungen zur Ächtung dieser Waffen und zum Opferschutz koordiniert und bündelt.

Uranmunition und ihre Einsatzfolgen sind symptomatisch für die toxischen Umweltbelastungen durch moderne Kriegführung. So sind die Kriege auf dem Balkan und im Nahen Osten mit komplexen Giftszenarien verbunden, ohne selbst „Giftkriege" zu sein. Ähnliches trifft auf Truppenübungsplätze weltweit zu. Es gibt neben explosiven auch giftige Kampfmittelrückstände, wie im Grundsatzentwurf 16 der ILC dargestellt wird, wonach die Konfliktparteien toxische und gefährliche Kampfmittelrückstände beseitigen sollen.

### Rechtliche Vorgaben

Rechtliche Ansätze zur Befassung mit Umweltzerstörung durch Krieg und militärische Aktivitäten, speziell in Gestalt von toxischen Belastungen, ergeben sich im Wesentlichen aus drei (internationalen) Normbereichen: Humanitäres Völkerrecht, Umweltrecht, Menschenrechtsschutz.

Klassisch ist der Ansatz über das Humanitäre Völkerrecht, wie es vor allem im ersten Zusatzprotokoll zu den Genfer Abkommen und im Völkergewohnheitsrecht niedergelegt ist. Hier kommen das Unterscheidungsgebot sowie Sorgfaltspflichten in Bezug auf die Umwelt infrage, die über die hohe Anwendungsschwelle des Zusatzprotokolls hinausgehen. Gekoppelt sind diese mit dem Vorsichts- oder Vorsorgeansatz (precautionary approach), demzufolge fehlende wissenschaftliche Sicherheit nicht von der Beachtung jener Pflichten befreit. Einen Verweis auf diesen Ansatz sowie Grundsätze der Transparenz und der Hilfeleistung für betroffene Regionen enthalten auch die Resolutionen der UN-Generalversammlung zu Uranmunition.

Das Vorsorgeprinzip findet sich auch im Umweltrecht. Hier sind etwa die Verträge zu toxischen Substanzen einschlägig (Konventionen von Basel, Stockholm, Rotterdam, Minamata) sowie andere Prinzipien, Instrumente und Mechanismen. Aus ihnen ergeben sich Regeln zum Umweltschutz und zum Umgang mit gefährlichen Stoffen, die auch in Konflikten und insbesondere in Post-Konflikt-Situationen zu beachten sind. Besondere Bedeutung kommt dem Menschenrechtsschutz zu. Die Rechte auf Leben und Gesundheit, auf eine gesunde Umwelt, auf sauberes Trinkwasser, auf Information und auf Schutz vor gefährlichen Substanzen spielen eine Rolle. Zu diesen Themenbereichen hat der UN-Menschenrechtsrat Spezialberichterstatter(innen) eingesetzt, an die sich Opfer von kriegsbedingten Umweltzerstörungen, zum Beispiel DU-Opfer in Ex-Jugoslawien, wenden können. Dieser Weg ist einfacher und kostengünstiger zu beschreiten als der Versuch, NATO-Staaten für solche Schäden gerichtlich zu belangen.

**Opfer- und Umweltschutz**
Entscheidend ist, dass bei einer menschenrechtlichen Annäherung der Opferschutz – zusammen mit dem Umweltschutz – im Mittelpunkt steht. Dies durchzieht auch das Konzept der „humanitären Abrüstung", wie es bei den Übereinkommen von Ottawa und Oslo sowie dem Atomwaffenverbotsvertrag von 2017 zum Tragen gekommen ist. Diese Schemata gilt es weiter auszubauen und durchzusetzen.

Zur Implementierung der beiden Übereinkommen wie des Protokolls V über explosive Kampfmittelrückstände des UN-Waffenübereinkommens soll die „Strategie des Auswärtigen Amts für Humanitäres Minen- und Kampfmittelräumen im Rahmen der humanitären Hilfe der Bundesregierung" beitragen. Wichtig wäre es, dieses Programm im Hinblick auf nicht explosive Kampfmittelrückstände auszubauen. Schließlich gehört zu einer konsequenten Haltung auf dem Gebiet der humanitären Abrüstung die (seitens Deutschlands vermisste) Unterstützung des Atomwaffenverbotsvertrags. Er enthält in Artikel 6 Regelungen zur „Hilfe für Opfer und Umweltsanierung". Artikel 7 umreißt ein System der internationalen Zusammenarbeit und Hilfe, wobei Kernwaffeneinsatz- oder Erprobungsstaaten eine besondere Verantwortung zugewiesen wird (Abs. 6).

Neben den Medien wendet sich auch der künstlerische Bereich verstärkt dem Themenbereich Krieg und Umwelt zu. Hier sei das Internationale Uranium Film Festival erwähnt oder Filme wie „Natur unter Beschuss" von Max Mönch und „Was von Kriegen übrig bleibt" von Karin Leukefeld. All dies lässt die Hoffnung wachsen, dass das Thema „Kriegsopfer Umwelt" endlich die Beachtung erfährt, die es verdient. ▬

**Anmerkung**
(1) Auf Anfrage stellt der Autor gern eine ausführliche Literaturliste bereit.

**Zum Autor**
Manfred Mohr, geb. 1948, ist Professor für Völkerrecht (im Ruhestand). Er ist Sprecher der Internationalen Koalition zur Ächtung von Uranwaffen (ICBUW) und Vorstandsmitglied der International Association of Lawyers Against Nuclear Arms.

**Kontakt**
Prof. Dr. Manfred Mohr
E-Mail mohrm@gmx.net

: Impressum

## Haben Sie eine der letzten Ausgaben verpasst? Bestellen Sie einfach nach!

pö 124 **Post-Oil City**
Die Stadt von morgen
PDF 6,99 €

pö 142 **StadtLust**
Die Quellen urbaner
Lebensqualität. 9,00 €

pö 148 **Zukunftsfähiges Deutschland**
Wann, wenn nicht jetzt? 17,95 €

Das Gesamtverzeichnis finden Sie unter www.politische-oekologie.de, E-Mail neugier@oekom.de

## Impressum

*politische ökologie*, Band 160
Möglichkeitsräume
**Raumplanung im Zeichen des Postwachstums**
April 2020
ISSN (Print) 0933-5722, ISSN (Online) 2625-543X,
ISBN 978-3-96238-197-4
**Verlag:** oekom Gesellschaft für ökologische Kommunikation mbH,
Waltherstraße 29, D-80337 München
Fon ++49/(0)89/54 41 84-0, Fax -49
E-Mail oxenfarth@oekom.de
**Herausgeber:** oekom e. V. – Verein für ökologische Kommunikation, www.oekom-verein.de
**Chefredaktion:** Jacob Radloff (verantwortlich)
**Stellvertr. Chefredaktion und CvD:**
Anke Oxenfarth (ao)
**Redaktion:** Sarah Tober (st)
**Schlusskorrektur:** Silvia Stammen
**Gestaltung:** Lone Birger Nielsen
E-Mail nielsen.blueout@gmail.com
**Anzeigenleitung/Marketing:**
Mona Fricke, oekom GmbH (verantwortlich)
Fon ++49/(0)89/54 41 84-17
E-Mail anzeigen@oekom.de
**Bestellung, Aboverwaltung und Vertrieb:**
Verlegerdienst München GmbH,
Aboservice oekom verlag,
Gutenbergstr. 1, D-82205 Gilching
Fon ++49/(0)8105/388-563, Fax -333
E-Mail oekom-abo@verlegerdienst.de

**Vertrieb Bahnhofsbuchhandel:** VU Verlagsunion KG,
Meßberg 1, D–20086 Hamburg
**Druck:** Friedrich Pustet GmbH & Co. KG,
Gutenbergstraße 8, D-93051 Regensburg
Gedruckt auf 100%igem Recycling-Papier, zertifiziert mit dem Blauen Engel RAL-UZ 14
**Bezugsbedingungen:** Jahresabonnement Print: für Institutionen 123,90 €, für Privatpersonen 67,90 €, für Studierende ermäßigt (gegen Nachweis) 56,00 €. Print + Digitalabo Institution: 216,80 €, privat: 105,40 €, ermäßigt (gegen Nachweis): 87,00 €. Alle Preise zzgl. Versandkosten. Das Abonnement verlängert sich automatisch, wenn es nicht sechs Wochen vor Ablauf schriftlich gekündigt wird. Einzelheft: 17,95 € zzgl. Versandkosten.
Konto: Postbank München, IBAN DE59 7001 0080 0358 7448 03,
BIC PBNKDEFF.
Nachdruckgenehmigung wird nach Rücksprache mit dem Verlag in der Regel gern erteilt. Voraussetzung hierfür ist die exakte Quellenangabe und die Zusendung von zwei Belegexemplaren. Artikel, die mit dem Namen des Verfassers/der Verfasserin gekennzeichnet sind, stellen nicht unbedingt die Meinung der Redaktion dar. Für unverlangt eingesandte Manuskripte sind wir dankbar, übernehmen jedoch keine Gewähr.
**Bildnachweise:**
Titel Georgy Dzyura, Kletr, portokalis, Francesco Scatena, tadoma, Adobe Stock; S. 7 Johannes Haslinger; S.12-18 Katrina Günther; S. 26 u. S. 46 Roland Fechter/ILS; S. 27 Keya, Adobe Stock; S. 59 Black Jack, Adobe Stock; S. 85 tutti_frutti, Adobe Stock; S. 92 Jörg Gläscher/Robert Bosch Stiftung; S. 99 Simon Veith/nachhaltige Fotografie; S. 137 panaramka, Adobe Stock

Die Deutsche Nationalbibliothek – CIP-Einheitsaufname. Ein Titeleinsatz für diese Publikation ist bei der Deutschen Nationalbibliothek erhältlich.

## Vorschau
# Plastikkrise – und wie weiter?

*politische ökologie* (Band 161) – Juli 2020

Riesige Müllstrudel, die sich durch die Weltmeere wälzen, kläglich verendete und gestrandete Meerestiere, Kinder inmitten schwelender Brände auf Müllkippen im Globalen Süden: Bilder wie diese belegen regelmäßig die verheerenden Ausmaße der Plastikkrise und rütteln mehr und mehr Menschen wach. Doch während ein Unverpackt-Laden nach dem anderen öffnet und Verbraucher(innen) verstärkt mit Zero Waste experimentieren, tut sich beim Hauptverursacher der Plastikkrise – dem Industriesektor – noch viel zu wenig.

Ob in der Fischereiindustrie, im Verkehrssektor oder im Bauwesen: Kunststoffe und Plastikpartikel, die hier verwendet werden oder bei der Nutzung entstehen, kontaminieren Böden, Meere, Luft und sind auch in menschlichen und tierischen Körpern nachweisbar. Anstatt die Hauptverantwortlichen zur Rechenschaft zu ziehen und konsequent gegenzusteuern, lässt sich die Politik viel zu oft von der »Plastik-Lobby« einlullen, wenn sie die Aufmerksamkeit geschickt auf den privaten Konsum lenkt. Die *politische ökologie* wirft daher ein Schlaglicht auf die Verursacher der Plastikkrise und liefert Politik und Industrie einen konkreten Fahrplan für den dringend nötigen Strukturwandel.

Die *politische ökologie* (Band 161) erscheint im Juli 2020 und kostet 17,95 €
ISBN 978-3-96238-225-4

# GAIA Masters Student Paper Award

The international journal
GAIA – Ecological Perspectives for Science and Society
invites Masters students to participate in the
2021 GAIA Masters Student Paper Award.

Submission guidelines and more information:
www.oekom.de/zeitschriften/gaia/student-paper-award
Deadline for submission: October 19, 2020.

The winner will be selected by an international jury and will be
granted a prize money of EUR 1,500 endowed by the Selbach Umwelt Stiftung
and Dialogik gGmbH, as well as a free one-year subscription to GAIA,
including free online access. The winner may also be encouraged to
submit his or her paper for publication in GAIA.

## Gut leben geht nur zusammen

Die globalen Krisen spitzen sich zu. Doch wo sind die Lösungen? Bei vielen Menschen vor Ort, denn dort wird längst ein zukunftsfähiges und solidarisches Miteinander gelebt. Das Buch stellt diese Alternativen vor, veranschaulicht durch zahlreiche Infografiken.

I.L.A. Kollektiv (Hrsg.)
**Das Gute Leben für Alle**
Wege in die solidarische Lebensweise

oekom verlag, München
128 Seiten, Broschur, komplett vierfarbig mit zahlreichen Illustrationen, 20,– Euro
ISBN: 978-3-96238-095-3
Erscheinungstermin: 04.02.2019
Auch als E-Book erhältlich

oekom.de    DIE GUTEN SEITEN DER ZUKUNFT